书信里的逝水年华

——钱锺书与我

许渊冲 著

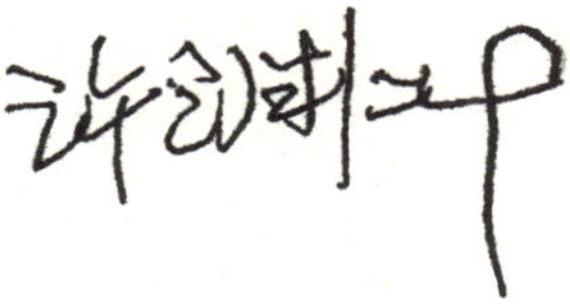

江西美术出版社
全国百佳出版单位

叶公超、钱锺书、杨振宁（代序）

个人的才智有限；文化的力量无穷。

——Eliot（艾略特）

1939 年 1 月 4 日上午 8 时，我们在昆华农校西楼二层的小教室里，等南开大学教授柳无忌来上“大一英文”。我坐在第一排靠窗的扶手椅上，右边坐的一个同学眉清目秀，脸颊白里透红，眉宇之间流露出一股英气，眼睛里时时闪烁出锋芒。他穿的黑色学生装显得太紧，因为他的身体正在发育，他的智力又太发达，仿佛要冲破衣服的束缚；他穿的大头皮鞋显得太松，似乎预示着他的前程远大，脚下要走的路还很长。一问姓名，才知道他叫杨振宁，刚16岁，比我还小1岁呢。18年后，他得了诺贝尔物理奖，是我国得奖的第一人。

老师来了，他穿一件灰色大衣，里面是一套灰色西服，再里面是一件灰色夹克，脖子上还围了一条灰色围巾，仿佛是把灰蒙蒙的北国风光带到四季如春的昆明来了。他一进来，就问我们上什么课？我要在杨振宁面前露一手，抢先用英语回答，老师也用英语说：他是代柳无忌教授来上课的。后来才知道他是联大外文系主任叶公超教授。早在美国求学时代，他已经出版了一本英文诗集，得到美国桂冠诗人弗洛斯特赏识，后来他去英国剑桥大学深造，又和英国桂冠诗人艾略特（又译爱利恶德）时相过从，是第一个把艾略特介绍到中国来的学者。《叶公超散文集》220页还引用了艾略特的话说："一个人写诗，一定要表现文化的素质；如果只是表现个人才气，结果一定很有限。"

叶先生23岁回国，就在清华、北大任教，也许是我国最年轻的英文教授。他在清华教过钱锺书的"大一英文"，用的教材是奥斯汀的小说《傲慢与偏见》，他曾挖苦才华过人的钱锺书说："你不该来清华，应该去牛津。"后来他在北大任外文系主任。在联大时，"大一英文"都用清华编的《英文读本》，前几课多是英美作家谈中国的文章，如毛姆的《苦工》，赛珍珠的《荒凉的春天》，兰姆的《论烤猪》，林语堂的《生活的艺术》等。叶先生讲课时说中文多，说英文少；问得多，讲得少；从不表扬，时常批评；但讲起词汇的用法来，却很精彩。记得他讲《苦工》时，碰到“补丁”一词，他讲得很生动，仿佛要用一个“补丁”来弥补没有讲过的其他词汇的损失。他讲《荒凉的春天》时，杨振宁问他：“有的过去分词前用 be，为什么不表示被动？”这个问题说明杨振宁能注意异常现象，已经是打破“宇称守恒定律”、获得诺贝尔奖的先声，但叶先生却不屑回答，反问杨振宁：“Gone are the days 为什么用 are？”杨以后有问题都不直接问他，而要我转达了。2月8日他讲“生活的目的”时，先要学生朗读课文；学生才念一句，他能说出学生是哪省人；学生念得太慢，他就冷嘲热讽，叫人哭笑不得。轮到我念了，我在别人念时没听，只顾准备下面一段，所以念得非常流利，满以为不会挨骂了，不料他却问我：“你读得这么快干什么？你说生活的目

1940年2月西南联大外文系师生特写。左二为系主任叶公超及其子女。

的到底是什么？”生活的目的在上一段，我没有听，自然也答不出，他就批评我只重形式，不重内容，这对我是一个很好的教训。他不但批评学生，也批评作者，他认为林语堂不如兰姆幽默，因为“幽默不是一般的开玩笑，或是讽刺，或是诽谤，而是能看出一桩事理或一句话中本身的矛盾冲突”。他对别人要求很严，考试要求很高，分数给得很紧：1 小时考 50 个词汇，造 5 个句子，答 5 个问题，还要写 1 篇英文短文。杨振宁考第一，才得 80 分；我考第二，只得 79 分。而杨振宁物理考 100 分，微积分 99，是全校成绩最好的学生。

后来，我在《清华校友丛书》28 册读到《杨振宁趣谈灵感》一文，他在文中说："科学家在'领悟'的刹那能够将两个或者两个以上不相关的观念联系在一起，借以解决长时间耗尽脑汁、搜索枯肠仍未解决的难题，或者缔造一个科学领域中的新发现。"

我在北京大学《英汉与汉英翻译教程》的序言中，引用《杨振宁访谈录》83 页上说的："中国的文化是向模糊、朦胧及总体的方向走，而西方的文化则是向准确而具体的方向走。"然后，我把他的文化方向论和当代的翻译理论联系起来说："中国传统翻译理论也是走向模糊、朦胧及总体的，而西方科学的翻译理论却是走向准确而具体。杨振宁又说：‘中文的表达方式不够准确这一点，假如在写法律是一个缺点的话，写诗却是一个优点。’我却想到：中国传统的翻译理论不够准确，但是简明好记，用在‘理解’上如果是一个缺点的话，用在‘传达’上是不是一个优点呢？”这样，我又把他关于法律和诗的论点，和翻译的“理解”与“传达”联系起来，觉得解决了一个翻译界长期争论不休的问题。自然，关于翻译理论问题还有不同的意见。我认为检验理论的标准是实践，而根据我翻译中国古典文学五大名著及世界文学十大名著的经验看来，我的翻译理论是站得住的，并且在联大时代老同学的书中，找得到理论的根据。

6月24日晚上7时，外文系在昆华农校

3楼开联欢会，叶先生用英语致辞，英国教授燕卜荪朗诵了他的诗，四年级同学演出了一幕英文短剧。比起燕卜荪来，叶先生和毕业班的英语说得都不流利，使我觉得叶先生严于责人，宽于待己。晚会上还有猜谜活动，我猜中了两个谜语：一个是“何以见江东父老？”打《水浒》中一个绰号，谜底是“没面目焦挺”；另一个是“少牢头，少娘脚，像美人，实在辣”。打一个字，谜底是“姜”。我还得到了小奖品。

1940年2月6日下午，外文系38级在叶先生家花园里开茶会，师生一共到了36人，会后摄影留念。现在看来，这张照片已经成了流水年华遗留下来的珍品。照片右上第一人是叶先生，右下是在抗日战争中参军牺牲的黄维，右中是后来和我同事40年的朱树飏，朱左第二人是《欧洲文学史》教授吴宓，吴

1940年外文系二年级师生在叶公超主任家合影。第三排立者：右一叶公超主任，右五许渊冲。

左是《呼啸山庄》译者杨静如（杨苡），杨左是亭亭玉立、名副其实的美人金丽姝（已故），金前是法兰西科学研究中心研究员吴其昱，吴左右是叶先生的男女公子。前排左起第一人是诗人杜运燮，他是演英文剧《锁着的箱子》的男主角；杜右是美籍学者左飘，左飘右面是全校英语说得最好的男学生，代表中国童子军去美国见过罗斯福总统的罗宗明；罗右中排第二人是学过多年俄语的篮球运动员于丕哲。后排左起第一人和第四人是在美国志愿空军飞虎队担任过上尉翻译的徐璋（已故）和查富准（现在香港），第二人是俄文教授刘泽荣，第三人和第八人是法文教授林文铮和闻家驷，第五人是日文教授傅恩龄，第七人是英诗教授谢文通，第九人是外文系学习成绩最好、得到全校嘉奖的才女张苏生，她还是演《锁着的箱子》的女主角；后排右起第二人是全校“大一英文”成绩最好、考了91分的饶敏；第六人是陪同巴金来联大开座谈会的青年作家卢福庠（卢静），第五人是后来居上、高人一头的作者。

1940年秋，叶先生离开联大，弃学从政，去伦敦任中国驻英宣传处处长。回国途中，他坐的船被日本飞机炸沉，人也被俘，受到严刑拷打，但他坚贞不屈，跳水逃生，遇救脱险，后来在南京当了外交部部长。我出国前去看他，他还像在联大时一样，劈面就是：“你要出国镀金去了。”叫我下不了台，只得答道：“老师已经镀成金身，学生只好去沙里淘金了。”

《钱锺书传稿》中说：“叶公超太懒”，作为学者，这话可能不无道理，因为胡适要他和徐志摩、闻一多、梁实秋合译《莎士比亚全集》，结果他一本也没有翻，却让梁实秋一个人译完了。

叶先生只教了一个学期“大一英文”，第二学期我们这个组解散，学生分到其他各组去。杨振宁分到陈福田教授那组（同组的有我中学的同学吴琼、张燮；张燮是江西省数学竞赛第一名，后来和杨振宁一同考取公费留美；他是我表姐的表弟，所以也是我的

《新月》月刊

表兄）；我分到钱锺书教授这组。钱先生是出名的清华“三才子”之一，其他两位才子是剧作家曹禺和历史学家吴晗。据说他考入清华大学时，国文得最高分，英文得最高分，数学却不及格，结果是破格录取的。他上课时从不记笔记，只带一本和课堂无关的读物，一面听讲一面看自己的书，但是考试时总是第一。教过他的吴宓教授说："自古人才难得，出类拔萃、卓尔不群的人才尤其不易。当今文史方面的杰出人才，在老一辈中要推陈寅恪先生，在年轻一辈中要推钱锺书，他们都是人中之龙，其余如你我，不过尔尔！"教过他的叶公超在他主编的《新月》月刊中，发表过钱锺书5篇书评。1935年钱锺书作为公费留学生去英国牛津大学研究，得文学士（也可译副博士）学位。1938年秋，清华大学破格聘请他为教授，他就乘法国邮船回国了。

钱先生教我时才28岁。他戴一副黑边大眼镜，显示了博古通今的深度；手拿着线装书和洋装书，看得出学贯中西的广度。他常穿一套淡咖啡色的西装，显得风流潇洒；有时换一身藏青色的礼服，却又颇为老成持重。他讲课时，低头看书比抬头看学生的时候多，双手常常支撑在讲桌上，左腿直立，右腿稍弯，两脚交叉，右脚尖顶着地。他和叶先生不同，讲课只说英语，不说汉语；只讲书，不提问；虽不表扬，也不批评；脸上时常露出微笑，学生听讲没有压力，不必提心吊胆，唯恐冷不防地挨上程咬金三斧头。

1939年3月31日，钱先生给我们上第一课。他用一口牛津英语，对我们讲英国音和美国音的不同，要我们学标准的伦敦语音。4月3日，钱先生讲的课文是《一对啄木鸟》，他用戏剧化、拟人化的方法，把这个平淡无奇的故事讲得有声有色，化科学为艺术，使散文有诗意，已经显示了后来写《围城》的才华。他讲“树叶”（foliage）一词，也可以和叶先生讲“补丁”媲美，他不但对词汇作感性分析，还对句子作理性分析；如4月17日讲艾伦坡的《一个凶手的自白》，有一个同学问：某个句子怎么没有动词？钱先生答：名词后面省了动词（be）。后来一查原书，名词前面果然漏了一个动词。又如4月21日他讲欧文的《孤儿寡母》，课文中出现了双重否定，钱先生就解释说：双否定有时是负负得正，有时却是加强否定，具体情况需要具体分析。叶先生说：幽默是看出事物本身的矛盾，他欣赏兰姆《论烤猪》的幽默；其实，为了要吃烤肉而把野猪藏身其中的树林烧掉，只是小题大做；把吃烤肉的故事叫作论文，也是小题大做。钱先生欣赏雅俗共赏的幽默，如4月28日讲的《打鼾大王》，卧车上有人鼾声如雷，吵得旅客一夜不能入睡，大家怒气冲冲想要报复；不料清晨卧车门开，走出来的却是一个千媚百娇的妙龄少女，于是大家顿时怒气全消，敌意变成笑意，报复变成讨好，这也写出了人性本身的矛盾，

西南联大教学大楼

钱先生讲得自己也笑了起来。北大校长、联大常委蒋梦麟常把人分为“笑的”、“愁的”和“怒的”3种典型，看来钱先生属于第一种人。总起来说，叶先生上学期讲的课文，在内容上多和中国有关；钱先生4月份讲的从文体上说，却多是记叙文。

从5月起，钱先生讲的主要是论说文，如5月15日讲《大学教育的社会价值》，说到大学教育的目的是“知人”，使我更了解西方的“民主”；5月22日讲《自由与纪律》，大意是说：人只有做好事的自由，如果做了坏事，就要受到纪律的制裁，这使我对“自由”的了解，又更深入一步。6月12日小考的时候，他只要求我们一小时写一篇英文作文，题目却不容易：《世界的历史是模式的竞赛》。和叶先生比起来，他更重质，叶更重量；他重深度，叶重广度。

钱先生在联大还为外文系高年级学生开了两门选修课：“欧洲文艺复兴”和“当代文学”。听过课的许国璋学长说：“一次讲课，即是一篇好文章，一次美的感受。”又说：“钱师，中国之大儒，今世之通人也。”听过课的还有杨周翰、李赋宁、周珏良、王佐良、查良铮等。其中查良铮的成就最为突出，出版了《穆旦诗选》，翻译了普希金、拜伦、雪莱、济慈等的诗集，可惜过早去世。杨周翰（已故）曾任国际比较文学会副会长，译过莎士比亚《亨利八世》等，还同李赋宁参加过《唐诗三百首》的英译；周珏良（已故）参加过《毛泽东诗词》的英译工作；王佐良译过《彭斯诗选》《雷雨》等。钱先生真可说是桃李盈门满庭芳了，但是万紫千红，没有一枝能青出于蓝而胜于蓝的，真是“高山安可仰，徒此揖清芬”。

后来，钱先生参加了《毛泽东诗词》英译的定稿工作，译文没有押韵，我觉得远不如他英译的“吃一堑，长一智”（A fall into the pit, a gain in your wit.），就把我的韵体译文寄去，请他指正。得到他1976年3月29日用英文写的回信，大意是说：你戴着音韵和节奏的镣铐跳舞，跳得灵活自如，令人惊奇。但有色玻璃的翻译会得罪“译”，无色玻璃的翻译又会得罪“诗”。两害相权择其轻，只好得罪“诗”而不得罪“译”了。我却认为：“在译诗的问题上，诗是本体，译是方法；诗要求美，译要求真；如果把美的诗译得不美，那不可能算是存真；只有在不失真的条件下，尽可能传达原诗的美，才是译诗应该采用的原则。”（见《钱锺书研究》第二辑294页）如果用孔子的话来说，就是“从心所欲不逾矩”，从心所欲求“美”，但不逾越“真”的范围。其实，钱先生自己在《林纾的翻译》一文中也说过：“最近，偶尔翻开一本林译小说，出于意外，它居然还没有丧失吸引力。我不但把它看完，并且接二连三，重温了大部分的林译，发现许多都值得重读，尽管漏译误译随处都是。我试找同一作品的后出的——无疑也是比较‘忠实’的——译本来读，……就觉得宁可读原文。这是一个颇耐玩味的事实。”这说明钱先生理智上求“真”，情感上爱“美”，这就是他的矛盾。

目录

CONTENTS

钱锺书先生和我

钱锺书先生和我

【三不朽自有德言功业在，初无待于招邀不三不四之闲人，谈讲不痛不痒之废话，花不明不白之冤钱也。

——《不一样的记忆》（140页）】

如果说闻一多先生讲唐诗并世无第二人。那么，钱锺书先生贯通古今中外的才学，不但是前无古人，就是以后恐怕也难有人能和他相提并论的。

钱锺书先生

《不一样的记忆》中有一篇对我的采访，题目是《许渊冲眼中的钱锺书》，里面有不少的问题，现在我来再谈一谈。

钱锺书先生给我印象最深的有三点：一是他读书求学时，才智过人；二是他写文章或说话时，妙语惊人；三是成为一代宗师之后，嘉勉后人。

首先，他考清华大学，国文和英文得最高分，数学却不及格。这给我的启发是：人有所长，必有所短，不能面面俱到。因此我上大学时，喜欢的课程就好好学，不感兴趣的就敷衍了事，不想做梅贻琦校长要求我们做的通才。钱锺书上课时不大听讲，考试成绩常是全班第一。这点我只学到他的缺点，却学不到他的优点。例如我听“中国通史”时，雷海宗先生口若悬河，滔滔不绝，年代数字，滚瓜烂熟，使同学们赞不绝口；但他讲的史实很少超越我在中学时代学过的知识，所以我听时心不在焉，而考试成绩也只及格而已。但是也有例外，上“法国文学史”时，全班同学都选了法文，只有我选的是俄文，结果考试时，学俄文的居然胜过了全班学法文的，这就使我洋洋得意，自以为学到了钱锺书的九牛一毛。其实，清华才子，后来当了外交部部长的乔冠华说过：“锺书的脑袋也不知怎么生的，过目不忘，真是照相机一般的记忆。”所以不但他的同学，就是他的老师。也无不对他刮目相看。据说他在清华毕业时，学校希望他升研究院，他却说道：“西洋文学系没有一个教授能做他的导师。”老师和同学都这样看他，后生小子怎能望其项背呢？

《不一样的记忆》154 页上说：钱锺书“这种品质，反映在文字里，就是层出不穷的警句，因为他本身就是一个天才的警句”。我觉得这句话说得很妙，因此，记者采访我时问道：“据说钱锺书先生曾发‘叶公超太懒，吴宓太笨，陈福田太俗’之论，杨绛先生、李赋宁先生都曾书面澄清绝无此事。作为当时西南联大外文系的一个学生，您怎么看待这句话？”我当时回答说：“这句话看起来像是钱先生说的，因为它是一个警句。”

杨振宁说过：“爱因斯坦等大科学家的伟大成就往往能用一个简单的公式概括起来，而我看这个公式也可以算是一个警句。”冯友兰谈到金岳霖时说：“他的长处是能把很简单的事情说得很复杂；我的长处是能把很复杂的事情说得很简单。”冯先生化复杂为简单的本领也可以说是善

钱锺书与杨绛

于运用警句。这正是中国哲学的长处。例如他把孔子的政治哲学概括为“礼乐”二字，又把“礼”简单总结为“模仿自然外在的秩序”，把“乐”简单总结为“模仿自然内在的和谐”。这些都可以说是警句。这些警句对我很有帮助，后来我用英文解释“礼乐”的时候，就用了“duty and beauty”两个词。而妙语如珠正是钱锺书的拿手好戏，我看对叶、吴、陈三人的评论可以算是妙语。

记者问到杨绛先生等曾书面澄清绝无此事，我却说有无此事我不敢肯定或否定，因为说有易，说无难。但我觉得这话像是钱先生的口气，评论也不无道理。其实他不但是对教师，就是对当时的世界文豪，批评起来也是一针见血，毫不容情的。例如他说：“萧伯纳的伎俩，是袭取新出的学说，生吞活剥地硬塞到自己的作品里去，借以欺世盗名；威尔斯则总抱着几个老调弹个不休。”（《不一样的记忆》105 页）即使对他的父亲和父执章士钊，也是实话实说：“章文差能尽俗，未入流品；胡适妄言唱于前，先君妄语和于后，推重失实，流布丹青。”（《不一样的记忆》141 页）所以在我看来，与其考证对叶、吴、陈的评语是否出之于他的口，不如研究这三句话是否言之有理。

第一句话，叶公超是不是太懒？他的学生季羡林说：“他几乎从不讲解”；另一个学生赵萝蕤说：“我猜他不怎么备课”；他的同事柳无忌说：“这时的西南联大尚在草创阶段，三校合并，人事方面不免错综复杂，但我们的外文系却相安无事，那是由于公超（系主任）的让教授各自为学，无为而治的政策——我甚至不能记忆我们是否开过系务会议。”我还记得 1939 年 10 月 2 日我去外文系选课时，系主任叶先生坐在那里，吴宓先生站在他旁边，替他审查学生的选课单，他却动也不动，看也不看一眼，字也不签一个，只是盖个图章而已，真是够懒的了。这个“懒”字后来给他惹下了大祸：1961 年 11 月他任国民党政府驻美大使，在联合国开会时，他懒得向蒋介石请示，就举手赞成了蒙古入联合国案，结果立刻被蒋介石召回台湾，软禁终身。这能说是不“懒”吗？

那么，钱锺书会不会说他的老师“懒”呢？《不一样的记忆》211 页记下了他的一段话：“我在《围城》中所笑的，是模仿《荒原》体的劣诗，并不是《荒原》本身。像 30 年代的卞之琳、戴望舒等诗人介绍了法国象征派的诗，40 年代的乔治·

叶（即叶公超）介绍了 Eliot（艾略特）和伍尔芙夫人等人，一时在中国引起了一阵激动，我在《围城》里所写的，就是这样拙劣的歪诗人。”既然他能说叶公超是“拙劣的歪诗人”，那说他“懒”还是客气的了。

第二句话，吴宓是不是太笨？《吴宓日记》1941 年 5 月 29 日说：“我是一个奇特的人，不可以常情测的。我的性情是热烈而真诚，其缺点是急躁而笨拙。”吴宓先生自己承认“笨拙”，这恐怕不是谦虚吧！就以刚才谈到的选课而论，吴先生站着而叶先生坐着，我还以为他是系主任的助手呢！如果一个代表清华，一个代表北大，那也应该平起平坐呀！如以年龄而论，吴先生比叶先生大 10 岁，那更应该是他坐着。为什么反其道而行之呢？这恐怕只能解释为“笨拙”。后来读了《吴宓日记》，更觉得吴先生未免太笨了。

《吴宓日记》1939年7月15日：

“晨，办杂务。11：00晤叶公超，殊为郁愤。盖宓已定迁居昆华师范楼上5室，与超及金岳霖同居。而超必俟彼去后，始许宓迁入。超近年益习于贪鄙好利。超托宓为代搜求汽油箱30个，以供其家用，而愿以上好之铺板一副赠宓为酬。论价值，远不相抵。其后超乃以其自有之铺板床二副均移至其孝园寓宅，不我与。”“超之所为，对宓既失信，又嫁祸，且图利焉。宓平日对超极厚。至于请宴，更不知若干次。超每于群众中，把臂附耳，外示与宓亲厚，宓完全在其掌握。……又命宓为超治家具，于其迎妻子归抵昆明之日，烹茶热水以俟，俾一到可以喂小孩乳。”

这样看来，吴宓为叶公超买家具，买汽油箱，烧开水，热牛奶，不但是系主任的助手，简直是家中的佣人了。吴宓宴请叶公超不计其数，但是肉包子打狗，有去无回，这不是笨到家了吗！？

钱锺书是如何评论吴宓的呢？他在一篇英文文章中说：

“Mr.Wu Mi's pageant of a bleeding heart, his incli nation to wash occasion ally his dirty in public, his sense of being a grand imcompris, his inces sant self—flagellation.”

《为钱锺书声辩》21 页的译文是:

“吴宓从来就是一个喜欢不惜笔墨，吐尽肝肠的自传体作家，他不断地鞭挞自己，当众洗脏衣服，对读者推心置腹，展示那颗血淋淋的心。然而，观众未必领他的情，大都报之以讥笑。”

这样看来，说“吴宓太笨”像是钱锺书的口气，不过比讥笑的观众多一份同情而已。记得钱先生讲“大一英文”时说过一句妙语：“To understand all is to pardon all. ”（理解就是原谅）可见同情的基础是理解。其实，理解是可以仁者见仁，智者见智的。例如叶公超懒于开外文系会，柳无忌却认为是无为而治，有所不为而后能有所为。那么钱锺书不也是懒于听课，因为他已经博览群书了吗？他考大学时数学不及格，不正是有所不为而后能在文史哲方面大有作为吗？所以关于懒与笨的问题，可以有不同的理解。这又使我想起了钱先生讲“大一英文”时的另一句妙语：“Everything is a question mark; nothing is a full stop.”看来懒和笨也是一个问号，而不是一个句点。

说叶公超太懒就不是个句点，而是一个问号。只要看看他的历史，1920 年 16 岁的时候去美国，1921 年考入大学，4 年后毕业，1926 年在英国剑桥大学得文学硕士学位，又在巴黎大学研究。6 年之内，从美国中学生到英法研究生，如果说懒，恐怕也是和钱锺书差不多的有所不为吧。他 22 岁回国，就在北京大学，清华大学等名牌大学任教，比钱锺书回国时还小 6 岁呢。他的学生赵萝蕤、王辛笛等对他评价很高，他的同事胡适、吴宓等对他也有好评。如《吴宓日记》1926 年 10 月 3 日说：“叶崇智（即叶公超）君邀同 Winter（温德）至东城，王府井大街 151 公司楼上，进西式茗点。二君于美国现今文学极熟！所论滔滔，宓多不知，殊愧。”又如浦江清《清华园日记》1931 年 1 月 23 日说：“晚 6 时归，公超即在余处面食，饭后同至公超处闲谈。谈英国小说，公超谓现代几个小说家学问皆极博。H. G. wells 无论矣，Aldous Huxley 生物学极好，Virginia Woolf 历史学极好。”可见叶公超对英美现代文学知识广博，但是博而不精。他虽然在英国认识了艾略特，并且是第一个把艾略特介绍到中国来的人，但却没有写出一本专著。比起钱锺书来，那就差得远了。所以要说他懒，似乎也无不可。钱锺书对现代英美文学家如萧伯纳和威尔斯都评价不高，对艾略特的《荒原》却比较宽容。在我看来，他对萧伯纳的批评，也可以应用到《荒原》上：艾略特的伎俩，是袭取古代和外国的典故，“生吞活剥地硬塞到自己的作品里去，借以欺世盗名。”

说吴宓太笨是不是一个问号呢？我们也来看看他的学历：1900 年他 7 岁时已经认字 3000，能读懂报章诗文，被誉为“神童”；1908 年 15 岁时，他作了《思游》诗和《咏史二首》；而钱锺书却是在 1930 年 20 岁时才代父为钱穆写《国学概论序》的。1911 年吴宓 17 岁时考入清华学堂，1916 年毕业，1917 年 24 岁赴美留学，1921 年 28 岁得哈佛大学文学硕士学位；而钱锺书则是 1929 年 19 岁时考入清华大学，1933 年毕业，1935 年赴英留学，1937 年 27 岁得牛津大学文学学士后又在巴黎大学研究一年，两人的学历差不多。

吴宓1921年回国后，任东南大学西洋文学系教授，教过吕叔湘、浦江清等著名学者，得到梁实秋等的好评。1925年回清华大学任国学研究院主任，聘请了梁启超、王国维、赵元任、陈寅恪四大名师：后代西洋文学系主任，提出了培养博雅之士的目标，指出了叶公超、钱锺书等一代学人所走的道路，做出了上半世纪的宏观规划，贡献实在不小。

吴先生在清华大学和西南联大开设了“欧洲文学史”“浪漫诗人”“中英诗比较”“文学与人生”“翻译”等课程。上“欧洲文学史”时，他讲了柏拉图“一与多”的哲学，“一”指理想，“多”指现实。吴先生往往从理想出发来看现实，从“一”看“多”，所以矛盾很多。钱锺书先生却是从现实出发，能够“多”中见“一”，所以反能解决矛盾。吴先生讲“浪漫诗人”时，盛赞雪莱的“泛爱论”，说爱情如灯光，照两个人和照一个人一样亮，并且将理论付之实践，结果生活中矛盾重重，显得笨拙，这大约是说他太笨的根源吧。看来这是宏观和微观的矛盾。从宏观看来，他开“中英诗比较”课，为中国的比较文学奠下了一块基石，几乎可以算是大智若愚了。他讲“文学与人生”时，说文学中包含的真理多于历史；讲“翻译”时，他认为模仿“真境”重于模仿“实境”。但从微观看来，他把理想看得重于实际，结果理论往往脱离实践，就不免显得太笨了。例如他讲“浪漫诗人”时，说济慈一行诗中有声色香味等 5 种感觉词，我拿出一本《济慈诗集》来，请他举个例子，他翻了好久也没有找到，可见他的理论不一定有实例能证明，他很重视原则，但却不太了解实际情况。例如他把师道尊严看成神圣不可侵犯，有一次他的讲桌没有搬回讲台上，他认为是对他的大不敬，把全班同学大骂了一顿，不知道同学们正是为了尊敬他，为了抄他贴在墙上的讲义，才搬动讲桌的。后来看到《吴宓日记》1939 年 11 月 25 日中说：“下午 2：30—3：30 上‘欧文史’课。为 Outline（讲义）事，责学生嫌太急。”但是印象已经留下，可见他的笨拙往往是因小失大造成的。

这样说来，吴宓太笨和叶公超太懒都不是句点，而是问号；只有陈福田太俗可能是个句点，因为他的所作所为和吴宓、叶公超、钱锺书三位博雅之士都不相同。吴宓的风流雅事流传很广；钱锺书的雅言妙语令人叫绝；叶公超的雅致生活不同凡俗。如赵萝蕤在《怀念叶公超老师》一文中描写他的家庭说："一所开间宽阔的平房，那摆设说明两位主人是深具中西两种文化素养的。书，还是书是最显著的装饰品，浅浅的牛奶调在咖啡里的颜色，几个朴素舒适的沙发、桌椅、台灯、窗帘，令人觉得无比和谐。吃起饭来，不多不少，两个三个菜，一碗汤，精致，可又不像有些地道的苏州人那样考究，而是色味齐备，却又普普通通，说明两位主人追求的不是'享受'，而是'文化'，当然'文化'也是一种享受。"赵萝蕤说的"文化"就是一种雅趣。而陈福田呢？他生在美国檀香山，得过哈佛大学硕士学位，但却没有读过一本中国古书，毫无中国文化素养，这和比他大一岁的吴宓截然不同。他的美国英语说得非常流利，但是从来没有说过一句惊人的妙语，这和博学多才的钱锺书又截然不同。他的生活随俗，学生在昆明街上边走边吃东西，他也边吃边走。因为联大在农校时厕所不够，学生吃稀饭后下了课就在墙角小便，他也站在墙角小便。这和摆教授架子的叶公超也截然不同。总而言之，陈福田只有一个“俗”字了得。

但是“俗”字好不好呢？一般说来，俗人重利，雅士重义。其实，雅士也不是不重利，只是不能见利忘义而已。雅如叶公超，吴宓却说他“好利”，叶公超借了他的钱，《吴宓日记》1938 年 2 月 25 日说：“公超陪宓至交通银行，以国币 35 元，换得港币 32 元，公超借去宓港币 10 元（HK$ 10）（始终未还）。”可见雅如吴宓，也是不能忘利的。只有风雅如钱锺书，才能说出：“我姓钱，还能缺钱花吗？”至于陈福田的“俗”气，可以从他喜欢的《哈姆雷特》第1幕第3场中波洛涅斯说的话里看得出来。

不要想到什么就说什么，凡事必须三思而行。

对人要和气，可是不要过分俗气……

不要对每一个泛泛的新知滥施你的交情……

倾听每一个人的意见，可是只对极少数人发表你的意见……

不要向人告贷，也不要借钱给人；

因为债款放了出去，往往丢了本钱，而且还失去了朋友。

话虽如此，陈福田还是愿意借钱给穷学生的，甚至回到夏威夷去，向华侨募捐，设立檀香山奖学金，帮助成绩优秀而有困难的学生。所以他虽然语不惊人，但是行不逾矩，得到梅校长的重视，当上了外文系主任。关于这点，《吴宓日记》1937年6月27日记下了学生的意见说：“谓宓为本系学生人心所归，一切均胜陈福田，校长何以不命宓为系主任，殊属不平云云。”这也可以算是雅俗之争了。

陈福田对吴宓的看法，《吴宓日记》1929年9月16日有记载：“陈福田谓宓乃浪漫派中最浪漫之人。”也就是说，吴宓重情轻利。叶公超的看法却不同，“叶君亦力言宓之离婚，乃本于execution of ideas（信念的实施）。”这就是说，吴宓重义轻利。但据1933年9月22日《朱自清日记》，“叶公超曾说：吴宓的朋友除了他叶公超一人外，没有不骂吴宓的。”叶公超知道不知道吴宓对他的不满呢？对钱锺书的看法，吴宓和叶公超、陈福田都有矛盾。《吴宓日记》1940年3月8日说：“随超，F. T.（陈福田），徐锡良陪侍梅校长同归。梅邀至其宅（西仓坡）中坐，进茶与咖啡。宓倦甚思寝。而闻超与F. T. 进言于梅，对钱锺书等不满，殊无公平爱才之意。不觉慨然。”但吴宓对钱锺书的态度也是矛盾的。《吴宓日记》1937年6月28日说：“文学院长冯友兰来……拟将来聘钱锺书为外国语文系主任云云。宓窃思王（文显）退陈（福田）升，对宓个人尚无大害。惟钱之来，则不啻为胡适派，即新月新文学派，在清华占取外国语文系。结果宓必遭排斥，此则可痛可忧之甚者。”由此可见雅俗义利之间矛盾重重，但陈福田太俗恐怕还是一个句点。

陈福田先生最大的贡献可能是他编的《大一英文读本》，这本书是商务印书馆出版的《大学丛书》，对西南联大几千学生散布了西方的世俗思想。上学期给我讲“大一英文”的是叶公超先生，他对《读本》似乎并不满意，所以也懒得讲解。记得他讲过的课文有毛姆描写中国忍辱负重的苦力，赛珍珠叙述中国农村的苦难，兰姆听说的原始社会放火毁林烧死野猪吃烤肉的故事，胡适的文章和林语堂的《人生的目的》等。陈福田最喜欢的美国当代小说是史坦贝克写美国落后农村的《愤怒的葡萄》，中国小说则是林语堂的《京华烟云》，所以他选了这几篇课文。但是叶公超的兴趣不同，他认为林语堂不如兰姆幽默。我却觉得把毁林烧猪写成论文只是小题大做，不过可笑而已，算不得什么幽默。倒是林语堂引用了辛弃疾的词："少年不识愁滋味，爱上层楼；爱上层楼，为赋新诗强说愁。而今识尽愁滋味，欲说还休；欲说还休，却道天凉好个秋。"反能引起会心的微笑。可见关于幽默，也是可以仁者见仁，智者见智的。就是雅俗义利之争，陈福田虽然俗，这些课文也不能算是重利轻义吧！

采访记者问我的第二个问题是："钱锺书先生给你们上课时，都讲些什么？有没有讲错的时候？"

钱先生讲"大一英文"用的也是陈福田编的读本，讲的内容和大家差不多，上学期主要讲中国的现实；下学期则多讲美国的政治（如《自由与纪律》），社会（如《大学教育的社会价值》），

与许渊冲同上钱锺书英文课的外文系女同学周颜玉

文化（如《经典为什么是经典？》），生活（如《习惯》），科学（如《一对啄木鸟》），文学（如欧文的《孤儿寡母》，爱伦坡的《凶手的自白》）等。钱先生讲课与众不同的是他的英国音，因为以陈福田为首的“大一英文”教师说话都是美国音，大家听惯了，对标准的伦敦音反而觉得别扭。钱先生讲课不用中文，而隔壁教室潘家洵先生把课文翻译成汉语，结果大受学生欢迎。但钱先生说的妙语，却不是别的教授说得出的，如他说过："美容的特征在于：要面子而不要脸。""宣传像货币，钞票印多了就不值钱。"等等。他偶尔也有讲错的时候，记得讲爱伦坡的短篇小说时，周基坤同学（后为南开大学教授）问："'My mind to do something'这句怎么没有动词？"钱先生说：名词后面省了动词"be"。后来一查原书，却是名词前面漏了几个字，原句是："I made up my mind to do something."钱先生应该看过原书，他的解释虽然不能算错，但这说明他的记忆并不能像照相机一样准确无误。

我为什么记得这一句呢？原来和我同上钱先生"大一英文"课的，有一个漂亮的女同学，名字是周颜玉。那时男女同学上课并不讲话，老师也不点名，所以下课之后，师生同学之间，几乎没有什么往来。有的甚至还不认识。我想要在周颜玉面前露一手，好让她认识我，就写了一封英文信给她，模仿这一句说：我一见她，my mind to make your acquaintance。结果没有回音。周颜玉真是名副其实，有点像电视剧《漂亮女孩》中的女主角，身材不如她高，脸却更加漂亮。《吴宓日记》1939 年 8 月 7 日中有记载："前数日，于城门遇周颜玉，着橙红色衣，盛施脂粉，圆晶轻小，如樱桃正熟。偕其未婚夫行。今又遇于凤翥街口，着月色衫，斜垂红带，淡施脂粉，另有一种轻艳飘洒之致。与其夫购晨餐杂品。宓甚感其美云。"原来她已经有未婚夫了。60 年后，她和丈夫住在台湾，我写信给她谈到往事，她迟到的回信说："我已是发苍苍，视茫茫的老妇，恐怕你已认不出来了。"又说："我是 1938 年进外文系，后转入社会系。吴宓老师的'西洋文学史'我只读了一学期。我记得有一次因为下雨，我弄脏了他的笔记本，我吓坏了，同学告诉我吴老师很爱清洁，他会骂人。结果还好，他只微笑不说话，我松了一口气。”还说：“我在联大时，从未单独见过他，也未曾说过一句话，我也不是出色的好学生，蒙他抬爱（请我们吃饭），受宠若惊。最近我没照片，下次定会寄一张给你，不过白发老妇，请不要吓倒。”我还没有得到她的照片，所以在我心中，她还是当年同上钱先生“大一英文”课时坐在我旁边的那个“圆晶轻小”的女同学。

1939 年 5 月 8 日，钱先生讲解的课文是《打鼾大王》，说卧车上有人鼾声如雷，吵得旅客一夜不能入睡，大家怒气冲冲想要报复。不料清晨车厢门开，走出来的却是一个千媚百娇的妙龄少女，大家顿时怒气全消，敌意变成笑脸，报复变成讨好。钱先生讲到这里，自己笑了起来。我也冲着坐在旁边的女同学笑了一笑。5 月 11 日的英文作文题是《吃得太多的一个好结果》（One Good Effect of Overeating），我就模仿这篇课文写道：一个人吃得越多，就睡得越死，打鼾也越厉害。即使他的妻子在隔壁和人偷情也不知道。他在梦里和他的妻子谈话，却听不见她在隔壁和人谈情说爱。等到他的妻子听见他不打鼾了，立刻从隔壁房间跑过来，给他一个甜吻，他感到非常满意，觉得自己是世界上最幸福的人了。我希望我的作文能够博得钱先生一笑，但改作文的是助教，钱先生看也没有看到。

“大一英文”期末考试时，周基坤坐在我右边，看得见我的答案，他就在我的基础上进行加工，结果考试成绩比我还好，把我气得要命。我本想在钱先生班上考第一,给他留下一个好印象。不料改考卷的还是助教，钱先生学期一结束，就离开联大了。不过塞翁失马，安知非福？我从周基坤那里也学到了加工的一手，后来把外国人用散体翻译的中国诗词改成韵体，结果就青出于蓝而胜于蓝了。

记者提出的第三个问题是：“钱先生在离开联大之后，您和他还有联系吗？”

我回答说：钱先生到蓝田师范学院的事，我当时只是听说，后来读了《围城》，才明白一点详细的情形。我非常喜欢妙语如珠的《围城》，曾打算把它翻译成英文。但一开始就在序言中碰到了一句："人是两腿无毛的动物。""无毛"的英文是"hairdess"（没有头发的），怎么能说人是秃头的呢？于是我去查了一下 Voltaire（伏尔泰）的原文，才知道"毛"是指羽毛，就译成"featherless"了。第二个问题是：方鸿渐写信给他的父亲说："怀抱剧有秋气。"气字一般译成"air"，但在这里，钱先生会用什么英文词汇呢？我想起了雪莱《西风颂》第一句中有"breath of Avtumn's being"（秋天的呼吸），这里用"breath"不是正好吗？我想写信去征求他的意见，但不知道他的地址，所以就作罢了。

钱先生到上海后，在震旦女子文理学院任教，教过杨必和孙探微。孙探微后来和香港《大公报》记者朱启平结了婚，朱启平是在第二次世界大战中跟随美军采访，并在美国密苏里军舰上目睹日本投降仪式的唯一中国记者，后来在洛阳外国语学院和我同事。他说钱先生和孙探微的师生关系很好，到过北京后海他们家中，和他们作中外古今谈。

钱先生在上海暨南大学任教时，教过一个华侨学生刘新粦。刘也和我在洛阳外国语学院同事，据他告我，钱先生在谈到他的学生时。说过许国璋写的英文比王佐良好。但《吴宓日记》1947 年 10 月 13 日却说："煦（周煦良）议裁减复旦校阅人，已而 11：00 钱锺书、杨绛夫妇来谒。赠宓，煦中央图书馆聘锺书所编撰之《书林季刊》二、三、四期各一份。又赠宓锺书著小说《围城》及绛著五幕剧《弄真成假》各 1 册。锺书力言索天章、许国璋二君之不可用。"索天章是清华大学外文系 1936 年毕业的，比钱锺书低三级；许国璋比索天章低三级，我又比许国璋低三级。他们二人当时都在复旦大学任教，并兼任吴宓主编《字典》的校阅人。许国璋英文虽然写得好，但并不可用为校阅人，可见钱先生对学生是一分为二的。索天章后来在洛阳外国语学院和我同事。据他告我，有一次他请教钱先生一个问题，钱先生不能当场解决，还是回去查了一下书才答复的。

王佐良也说过："钱先生在翻译《毛泽东选集》时，并不见得比别人突出。只有许国璋和周珏良（周煦良的弟弟）对钱先生佩服得五体投地，周珏良读清华研究院时，要请钱先生做导师，但钱先生到蓝田去了。"许国璋在《回忆学生时代》一文中说："钱师讲课，从不满足于讲史实，析名作。凡具体之事，概括带过，而致力于理出思想脉络，所讲文学史，实是思想史……盖一次讲课，即是一篇好文章，一次美的享受……钱师，中国之大儒，今世之通人也。"他英文写得好，主要是因为学了钱先生。

记者又问："您再见到钱先生是什么时候？"我说："是 1951 年在清华大学外文系主任吴达元先生家里，那时钱先生负责清华研究生的工作，同夫人杨绛到吴先生家来。"我发现钱先生胖了，他们谈到邻居林徽因家的猫叫春，吵得他们一夜没有睡着，钱先生就爬起来拿根竹竿去打猫，讲得津津有味，我觉得钱杨二位这么高雅的人，怎么会对这种俗气的事感到兴趣？可见我对钱先生只是敬佩，并不了解。其实，钱先生早在1933年写的《论俗气》一文中就说了：“俗”本与“雅”对立，但求雅过分，也会转为俗。而俗人附庸风雅就更俗。如果俗人俗得有勇气，“有胆量抬出俗气来跟风雅对抗，仿佛魔鬼反对上帝”，那倒反而是“雅”。而钱先生打猫就是转俗为雅了。

钱先生在清华大学带了一个研究生，名叫黄爱，就是后来人民文学出版社的编辑黄雨石。据说论文答辩的时候，把北京大学的朱光潜先生等人也请了来。朱先生提出了一些问题，指出了一些错误。不料钱先生在作结论时，提出了一些针锋相对的意见，反而指出了朱先生的错误，这就仿佛是魔鬼反对上帝了。

1952年高等院校调整，钱先生调北京大学，后调社会科学院文学研究所，又借调到《毛泽东选集》翻译委员会，同时借调的有金岳霖、王佐良、熊德威、王仲英等人。熊德威是我的表弟，从小在英国读书，在牛津大学毕业，据他告诉我，钱先生非常谦虚，不耻下问。王仲英是联大外文系 1946 年毕业生，曾任人民文学出版社英文组组长。后来在洛阳外国语学院和我同事。从他那得知，金岳霖翻译《毛选》时，碰到一句成语："吃一堑，长一智。"不知如何翻译是好，只好问钱锺书，不料钱锺书脱口而出答道：

A fall into the pit,

A gain in your wit.

形音义三美俱备，令人叫绝，金岳霖自愧不如，大家无不佩服。还有一句成语："三个牛皮匠，合成一个诸葛亮。"钱锺书译成：

Three cobblers with their wits combined

Equal Zhuge Liang the master mind.

于是传诵一时，钱锺书无可争议地登上了中国译坛的顶峰。

我在洛阳外国语学院时，王仲英和刘新粦常去北京，去看了钱先生之后，回洛阳总要谈谈钱先生的情况。朱启平因为孙探微在北京外文出版社工作，每年寒暑假都要回家，所以我总听得到钱先生的消息。1976 年初，报上发表了毛泽东词《井冈山》和《鸟儿问答》，还有外文出版社的英译文。朱启平告诉我："这两首词是钱先生翻译的。"我看译文远不如"吃一堑，长一智"翻得好，就写信去问钱先生。我先谈到联大的事，说是非常喜欢读他写的《冷屋随笔》（后来改名《写在人生边上》），我还曾回昆明旧地重游，去寻访他的冷屋旧居（在文化巷 11 号）和他给我们讲课的昆华农校大楼，但农校已毁，早已面目全非，无处寻找当年笳吹弦诵的旧踪影了。最后我才问到两首词的事，并且寄去我的韵体译文，请他斧正。2月26日后得到他龙飞凤舞的亲笔回信，全文如下：

渊冲同志：

惠书奉悉，尊译敬读甚佩，已转有关当局。我年来衰病不常出门，承命参与定稿，并非草创之人。来书云云，想风闻之误耳。

草复即致

敬礼！

钱锺书 廿六日

我得到钱先生的回信后，告诉了王仲英。他说："'敬读甚佩'是客气话，不可当真。"钱先生为了省事，总说几句好话，免得人家麻烦。就像威克斐牧师一样，借点东西给人，人家不肯归还，从此不再上门，牧师也就乐得清静。水晶在《两晤钱锺书先生》（见《不一样的记忆》212页）中说："我连忙问：'你觉得於梨华（女作家）怎么样？'钱用英文答：'她很聪明。'我追问：'她仅限于聪明吗？不能比聪明多一点点吗？'钱答：'她是女士。秉诸西洋中古时代的骑士精神，你要我说什么好

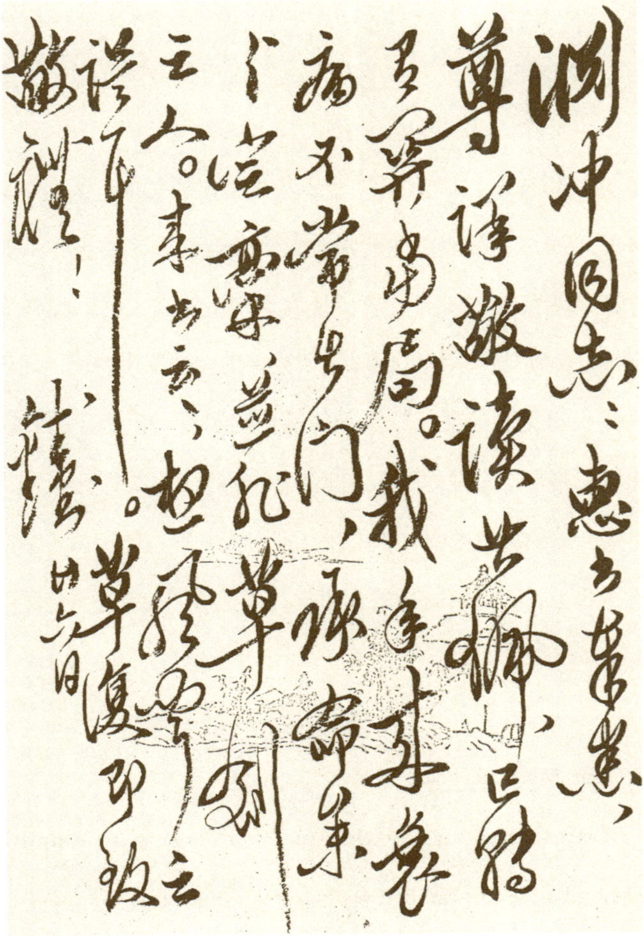

1976 年 2 月 26 日钱锺书先生的回信

呢？’我无言了。于是我又问：‘那么你觉得张爱玲（1920—1995）怎么样？“她非常非常好。’我又紧追盯人地问下去：‘她仅止于聪明吗？还是，她比聪明犹多一筹呢？’钱答：‘她比聪明犹多一筹。’”由此可见，钱先生对於梨华是说客气话，对张爱玲就不是。我是他的学生，有无客气的必要呢？那时洛阳外国语学院级别最高的教授是索天章，他在大学时比钱先生低三级，比我却高六级。他看了我英译的《毛泽东诗词》后说：“这是小学生的译文。”他一句话就定了调。于是我的英法译文在洛阳并不受重视。钱先生即使是说客气话，打个一折八扣，也比索天章的评价高呀。所以我又把索天章看过的英译《毛诗》寄给钱先生看，要听听他的意见，得到他 3 月 29 日的英文回信如下：

Dear Mr.Hsu,

Many thanks for showing me your highly accomplished translation.I have just finished reading it and marvel at the supple ease with which you dance in the clogs and fetters of rhyme and meter.

My sub–health and almost fully–mortgaged time do not allow me to comply with your courteously expressed desire that I should be your censeur solide et salutaire.I'll pass the sheaf to one or two of my fellow members on the panel to read.

Your views on verse translation are very pertinent.But you of course know Robert Frost's bluntly dismissive definition of poetry as "what gets lost in translation" .I'm rather inclined to say ditto to him. A verre clair rendition sins against poetry and a verre colore one sins against translation.Caught between these two horns of the dilemma, I have become a confirmed defeatist and regard the whole issue as one of a well–considered choice of the lesser of the two evils or risks.In my experience of desultory reading in five or six languages, translated verse is apt to be perverse, if not worse.This is not to deny that the verse may be in itself be very good—— "Very pretty, Mr.Pope, but you must not call it Homer" , as old Bentley said.

You may have heard of the sad news of Prof.Wu Ta–yuan's death.Another of us Old Boys gone !

29.iii.1976.

Dear Mr Hsu,

Many thanks for showing me your highly accomplished translation. I have just finished reading it and marvel at the supple ease with which you dance in the clogs and fetters of rhyme and meter. My sub-health and almost fully-mortgaged time do not allow me to comply with your courteously expressed desire that I should be your censeur solide et salutaire. I'll pass the sheaf to one or two of my fellow members on the panel to read.

Your views on verse translation are very pertinent. But you of course know Robert Frost's bluntly dismissive definition of poetry as "what get's lost in translation." I'm rather inclined to say ditto to him. A verre clair rendition sins against poetry and a verre coloré one sins against translation. Caught between these two horns of the dilemma, I have become a confirmed defeatist and regard the whole issue as one of a well-considered choice of the lesser of the two evils or risks. In my experience of desultory reading in five or six languages, translated verse is apt to be perverse, if not worse. This is not to deny that the verse may in itself be very good—"Very pretty, Mr Pope, but you must not call it Homer," as old Bentley said.

You may have heard of the sad news of Prof. Wu Ta-yuan's death. Another of us Old Boys gone!

Kindly remember me to Comrades Wang and Liu,

Yours Sincerely,

C. S. Chien

1976年3月29日钱锺书先生的英文回信

Kindly remember me to Comrades Wang and Liu.

Yours Sincerely,

C.S.Chien（signed）

钱先生这封英文信用词巧妙，比喻生动，引经据典，博古通今，显示了他的风格。他称我为“许君”，内容大意是说：

谢谢你给我看你成就很高的译文。我刚读完。你带着音韵和节奏的镣铐跳舞，灵活自如，令人惊奇。我的健康欠佳，时间几乎完全抵押出去了，所以无法答应你婉转提出的要求，希望我对你的译文提出具体的意见。但我会把你的文稿转交给《毛选》英译委员会的一两个同事看看。你对译诗的看法很中肯。但你当然知道罗伯特·弗洛斯特不容分说地给诗下的定义：“诗是在翻译中失掉的东西。”我倒倾向于同意他的看法。无色玻璃般的翻译会得罪诗，而有色玻璃般的翻译又会得罪译。我进退两难，承认失败，只好把这看作是一个两害相权择其轻的问题。根据我随意阅读五六种文字的经验，翻译出来的诗很可能不是歪诗就是坏诗。但这并不是否认译诗本身很好。正如本特莱老兄说的：蒲伯先生译的荷马很美，但不能说这是荷马的诗。你也许听说吴达元教授去世的消息。老同学又去了一个！请向王、刘二位问好。

钱先生这封信说出了他对译诗的精辟见解。首先，他说我的译文“成就很高”，这可能是客气话，也可能是对学生的嘉勉，就像对於梨华和张爱玲的评价一样。第二，他把译诗押韵比做带着镣铐跳舞，形象生动。闻一多先生也说过：带着镣铐跳舞能跳得好才是真好。看来闻先生把镣铐当作道具，没有褒贬。钱先生却当成束缚，带有贬义，但他加上“灵活自如”字样，又带有褒义了。一褒一贬，说明译诗是个问题（问号），还没得出结论（句点）。在第二段，钱先生说我对译诗的看法“中肯”，这是欲擒先纵，因为他接着就引用美国诗人的话说：翻译会失掉诗。他还进一步，用了两个法文形象，把直译比作无色玻璃，把意译比作有色玻璃，说明译者所处的两难境地。他又再进一步，说他宁可得罪诗，而不愿得罪翻译，因为翻译的诗不是坏诗，就是歪诗。“坏”和“歪”两个字的原文和译文都押了韵，都很巧妙。可见翻译并不是有失无得的。不过这说的是散文。至于诗呢？钱先生笔锋一转，引经据典，谈到蒲伯译荷马史诗的事。蒲伯得罪了翻译，却没有得罪诗，结果翻译出了好诗，但不能算是荷马的诗，不能算是好的译文。在我看来，钱先生认为翻译的诗最好既是好诗，又是好译；不得已而求其次，要求是好译而不是坏诗，或者不是好译而是好诗；最下等的是翻译得不好的歪诗。最后，钱先生谈到吴先生的去世，言简情深，并问候他的学生王仲英和刘新粦。

钱先生的信对我是一个鼓舞，也是一个鞭策。鼓舞的是，他说我译的诗灵活自如；鞭策则是，不要得罪翻译，又得罪诗。钱先生引用了弗洛斯特的话和蒲伯的译例，我只赞成英国诗人的译法，却不同意美国诗人的说法。我认为译诗不是有失无得，而是有得有失的。如果能像蒲伯那样以创补失，那不但不能说得不偿失。反而是得多失少了。例如荷马史诗中的一个名句有两种译文：

[1] For war shall men provide and I in chief of all men that dwell in Ilios. (Leaf)(人们要准备打仗，而我是伊利奥人的首领。)

[2] Where heroes war，the foremost place I claim，The first in danger as the first in fame. （Pope）（冲锋陷阵我带头，论功行赏不落后。）

第一种是无色玻璃般的译文，没有得罪翻译，但是对不起诗；第二种是蒲伯的有色玻璃般的译文，可以算是好诗，但似乎对不起翻译。《阿诺德评荷马史诗的翻译》一文中说：蒲伯的译文“押韵加强了对偶，自然也就加强了分隔，而这也正是蒲伯的译法。蒲伯的失败，也正是在于他没有译出荷马明白清晰、直截了当的风格和措辞的特点，过分运用了自己喜欢修饰雕琢的风格”。比较一下两种译文，都是有得有失的，但哪种译文得不偿失呢？第一种译出了“荷马明白清晰、直截了当的风格”，这是有所得；但是淡而无味，只能使人知之，不能使人好之，这是有所失；是得多呢？还是失多呢？第二种运用了“修饰雕琢的风格”，但也不能说不“明白清晰、直截了当”呀。这能算是有所失吗？即使算是有所失，但是译文能使读者知之，好之，甚至乐之，这不是得多于失吗？《英国浪漫派散文精华》21页上说：“人们发现蒲伯较之荷马有着更多闪光的比喻和动情的描写，总体上也显得内容丰富，文采飞扬，细腻深入和绚丽多彩。这样，蒲伯的译文反倒比希腊文的原著更受人欢迎了。”关于这个问题，钱先生在《林纾的翻译》一文中也说过：“最近，偶尔翻开一本林译小说，出于意外，它居然还没有丧失吸引力。我不但把它看完，并且接二连三，重温了大部分的林译，发现许多都值得重读，尽管漏译误译随处都是。我试找同一作品的后出的——无疑也是比较‘忠实’的——译本来读，……就觉得宁可读原文。这是一个颇耐玩味的事实。”我认为这说明了钱先生的矛盾：理智上要直译，情感上要意译。其实，在译诗问题上，诗是本体，是第一位的；译是方法，是第二位的。诗要求美，译要求真；把美的诗译得不美，不能算是存真；只有在不失真的条件下尽量求美，才是译诗的原则。

钱先生在信中提到的吴达元教授是我的法文老师，他用英文讲解法文，要求严格，一年之内讲完了法文文法。吴先生班上人才济济，有当时得到联大嘉奖的林同珠和王浩（王浩 1983 年得“数学定理机械证明里程碑奖”，等于诺贝尔数学奖）；有演英文剧《鞋匠的节目》女主角而得到满场掌声的梅祖彬（梅校长的大小姐）；有得到宋美龄翻译奖的巫宁坤；有女作家陈蕴珍（就是巴金的未婚妻萧珊）和女翻译家林同端（先后在国外出版了英文本《周恩来诗选》和《毛泽东诗词选》）。我第一次考试的成绩居然压倒群英，得了 99 分。后来我步钱先生的后尘，去了英国法国，出版了古诗词的英法译本。回想起来，不能不感谢钱吴二位先生给我打下的英法文基础。

1977 年初，我读到两首据说是毛泽东悼念周恩来的词，就译成了英文，但不知道是否毛泽东的作品，又写信去问钱先生，得到他 2 月 16 日的信如下：

渊冲同志：

我已迁居国务院新宿舍，来书昨夜方转到（通讯处仍为文学所，每周有人转送）。所示两篇，恐非真笔；平仄不合词律（如拉丁诗之“false quantity”），即可知必出于生手学作。尊译远胜原著；Pater 阅 Poe's Tales，不读原文，而读 Baudelaire 译文，足相连类。匆复即致

敬礼！

钱锺书上 十六日晨

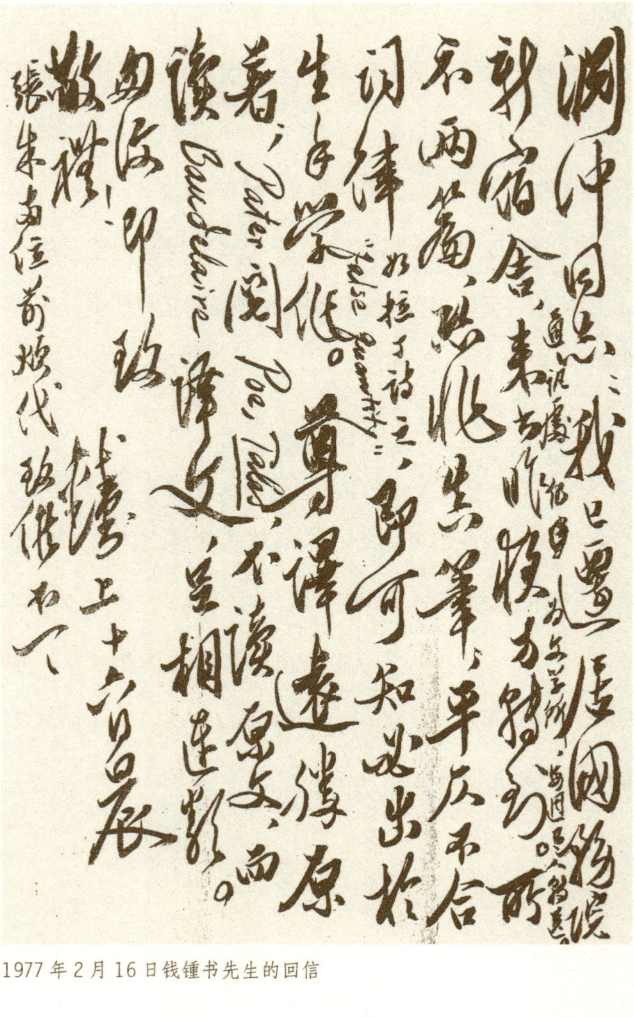
润中同志：我已遇健国翁，说
新宿舍（通讯处为文学所）未得，故尚驻旧所。
不两篇，皆佳，笔平仄不合
词律，如柢子诗之，即可知出於
生手学作。尊译迻得原
著：Pater 与 Poe，Tales，不讓原文；而
讀 Baudelaire 译文，益相径矣。
匆匆即致
敬礼！
钱锺书上 十六日晨
张朱两位前烦代致候不一

1977年2月16日钱锺书先生的回信

张朱两位前烦代致候不一一。

信中提到的国务院宿舍，就是三里河6号楼。提到的两首词，一首是《卜算子》，一首是《忆秦娥》。钱先生认为不是毛泽东的作品，又说我的译文“远胜原著”，就像法国诗人波德莱尔翻译的美国作家爱伦坡的短篇小说胜过原文，使英国作家佩特宁可读法译文一样。这话使我受宠若惊，说明钱先生上次说的“成就很高”不是客气话。可惜两首词的原文已经失落，只好根据我的英译把《忆秦娥》的上半首还原如后：“山河咽，拭泪无语心已裂。心已裂，国失栋梁，天丧人杰。”英译文是：

The land sobs，mountains，streams and all.
Wiping my eyes，silent，I'm broken-hearted.
I'm broken-hearted
To see the pillar fall，
A man of men departed.

钱先生说英译胜过原作，是说译文更合英诗格律，但原作并不是真品，所以胜过不足为奇。这倒说明了钱先生认为译文可以胜过原文，就像蒲伯可以胜过荷马一样。

信中提到的张朱两位，指的是张培基和朱启平，两人都在洛阳外国语学院和我同事，张培基和钱先生同时在中国共产党第八次全国代表大会上做过翻译工作；朱启平的夫人孙探微是钱先生的得意弟子，他们夫妇 1978 年回香港任《大公报》记者，临行前我写了一首赠别诗如后：

塞上风云未能忘，荆州抢险日夜忙。
十八春秋共忧乐，花开时节别洛阳。
议论风生惊四座，下笔千言成华章。
敢入虎穴探虎子，笑待捷报传香港。

第一、二句指“文化大革命”期间，我们同在塞北劳动改造，接受文批武斗的难忘经历。后来又同在江南襄阳抗洪抢险，结果还是“水淹七军”（我们所在的劳改队是“第七连”）的往事。自 1960 年起，我们同在一起教学，讨论，生活，还常同打桥牌，已有 18 年了。记得他谈到日本偷袭珍珠港的事，美国总统早已得到情报，使我们大吃一惊；他写的关于日本投降的报道，传诵一时。1978 年春，他要离开洛阳到当时还是资本主义的“虎穴”香港去了。我们都等待着他报道的好消息。

1978 年底，洛阳外国语学院出版了我翻译的《毛泽东诗词四十二首》英法文本，我寄了一本给钱先生。后来刘新粦又调去广州暨南大学。我就写信给钱先生，问问有无可能调去北京，得到他 1980 年 1 月 23 日的回信如下：

渊冲同志：

屡承惠寄大作，极感，未复为歉。我赴欧赴美，皆非为讲学；亦因无学可讲，故 Princeton 等二三大学来函邀我今年去走江湖卖膏药，亦一律坚辞矣。新粦等他去，足下更加擎天之玉柱，校方决不放行；他校商调，亦恐如与虎谋皮！我衰朽日增，一月前牙齿尽拔，杜门谢事。《围城》英译本去秋在美出版，俄文本译者去冬来函亦云已竣事，辱问以闻。

专复即颂教安

钱锺书 二十三日

钱先生信中谈到赴欧美的事，是指 1978 年去意大利出席第 26 届欧洲汉学会议，发表《古典文学研究在现代中国》一文，及 1979 年参加中国社会科学院代表团去美国各大学的访问。信中谈到的《围城》英译本，是指 Jeanne Kelly 和茅国权合译的 Fortress Besieged，据说原书很多妙语没有翻译出来。

1980 年香港商务印书馆约我翻译《苏东坡诗词选》。我阅读了钱先生的《宋诗选注》，发现钱先生说熙宁五年是 1072 年，而陈迩东注的《苏东坡诗词选》却说是 1071 年，不知何所适

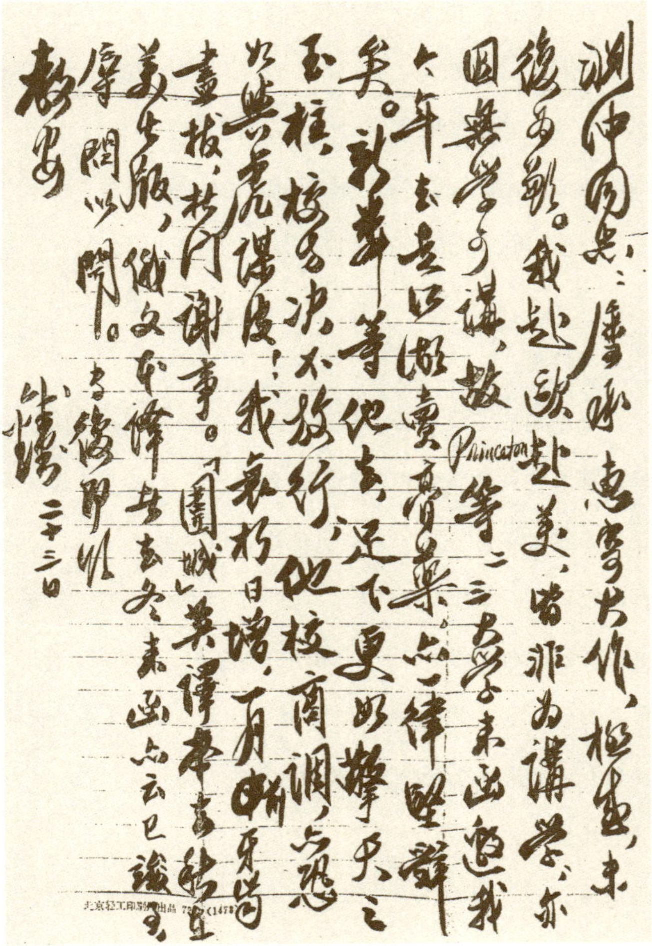

1980 年 1 月 23 日钱锺书先生的回信

从。又读到钱先生说的："苏轼的《百步洪》第一首里写水波冲泻的一段：'有如兔走鹰隼落，骏马下注千丈坡，断弦离柱箭离手，飞电过隙珠翻荷'，4句里7种形象，错综利落，……"我译成英文时，却觉得这7种形象不是写水波而是写"轻舟"的。于是就写信去问钱先生，得到他6月14日的回信说：

渊冲同志：

惠函奉悉。苏诗英译，壮举盛事，不胜忻佩。垂询数则，我家无藏书，东坡集亦不例外，未能检答，至愧。诗篇编年，可借冯应榴《苏诗合注》一查。陈迩东似亦据此。七二，七一或系排印之误，当时未检出者。《百步洪》四句乃写"轻舟"，而主要在衬出水波之急泻，因"轻舟"亦可如《赤壁赋》所谓"纵一苇之所如，凌万顷之茫然"，"放一叶之扁舟"（手头无书，记忆或有误），境象迥别。匆此即致

敬礼！

钱锺书 六月十四日

我感冒发烧，恐耽误尊事，急作复，草草请原谅。又及。

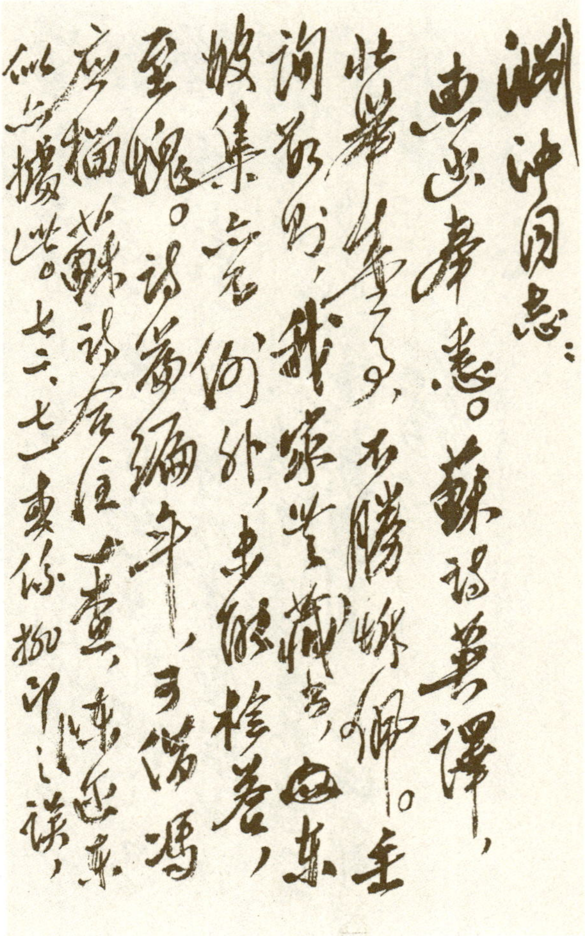

渊冲同志：

惠书奉悉。苏诗英译，此举甚盛，不胜钦佩。垂询数则，我家无藏书，[illegible]东坡集[illegible]外，未能检查，至愧。诗篇编年，可借冯应榴《苏诗合注》本。[illegible]似亦据之。七六七页所揭印之误，

1980 年 6 月 14 日钱锺书先生的回信（前页）

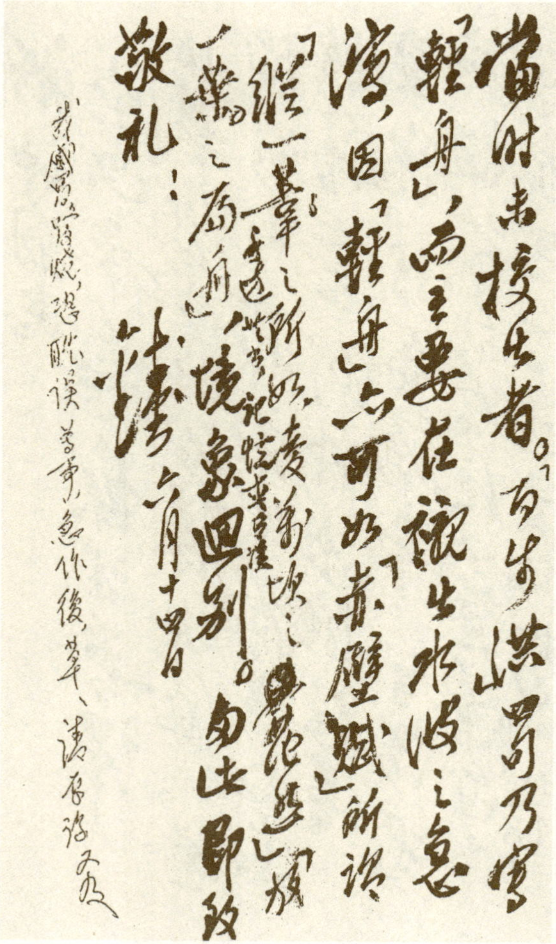

1980年6月14日钱锺书先生的回信（后页）

那时“文化大革命”结束不久，大家对“破四旧”还心有余悸，把古典文学都看成封建主义的作品。王仲英见我翻译苏东坡就说：“你还翻译老古董呀！”使我不免有点犹豫。得到钱先生信，说是“壮举盛事”，这就给了我有力的支持。钱先生感冒发烧，还赶快给我回信。更使我又感又愧，觉得如不翻好苏诗，也对不起钱先生了。

香港商务印书馆得到苏诗译稿后，又约我翻译《唐宋词一百首》。我译到李清照的《小重山》，发现有几句不好懂：“碧云笼碾玉成尘，留晓梦，惊破一瓯春。”注解中说：“碧云”指茶叶，我只记得李清照《金石录后序》中说：“余性偶强记，每饭罢，坐归来堂，烹茶，指堆积经史，言某事在某书某卷第几页第几行，以中否角胜负，为饮茶先后。中即举杯大笑，至茶倾覆怀中，反不得饮而起。”不知道是不是指这事，问过劳陇（许景渊）也没有把握，只好又写信去问钱先生，得到他11月25日回信如下：

渊冲同志：

我昨夜自东京归，于案头积函中见尊书，急抢先作复，以免误译书期限。李清照词乃倒装句，“惊破”指“晓梦”言，非茶倾也。谓晨尚倦卧有余梦，而婢已以“碾成”之新茶烹进“一瓯”，遂惊破残睡矣。鄙见如此，供参考。劳陇君是我已故堂妹的丈夫，英文甚好，能作旧诗词及画，与我无师弟关系。

匆此即致

敬礼！

钱锺书　廿五日

钱先生信中说“自东京归”，指1980年11月访问日本，在早稻田大学讲《诗可以怨》的事。关于《小重山》的问题，后来读到《李清照词赏析》中说：词人把碧色的茶团碾碎后放入茶壶中去煮，同时回味拂晓时的春梦，等到茶滚开了才惊醒过来。又读到《李清照诗词评注》中说：“饮过一杯春茶，滞留于晓梦

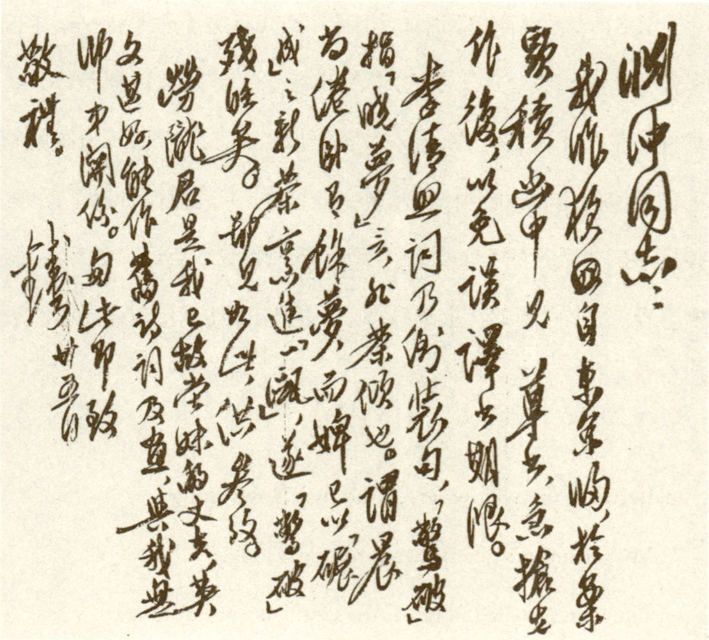

1980 年 11 月 25 日钱锺书先生的回信

中的意识，才被惊醒过来。”都说得通。于是我就采取各家之长，译成一杯碧云似的春茶使词人从晓梦中惊醒过来了。

1981 年香港商务印书馆出版了我英译的《动地诗——中国现代革命家诗词选》，1982 年又出版了《苏东坡诗词新译》，我各寄了一本给钱先生，没有得到他的回信。7 月 28 日我就写了一封信去，可能谈到译诗求真是低标准，求美是高标准的问题，并且举了刘禹锡的《竹枝词》为例。原词和我的英译文如后："杨柳青青江水平，闻郎江上唱歌声。东边日出西边雨，道是无晴(情)却有晴（情）。"

Between the willows green the river flows along;
My gallant in a boat is heard to sing a song.
The west is veiled in rain, the east basks in sunshine;
My gallant is as deep in love as the day is fine.

我请教钱先生关于双关语的译法，得到他 8 月 11 日的回信如下：

渊冲教授：

我因客多信多，干扰工作，七月初“避地”，前日偶尔还家，得所内转至七月廿八日来函，迟复为歉。大译二种皆曾奉到，事冗未谢，罪过！我对这些理论问题早已不甚究心，成为东德理论家所斥庸俗的实用主义（Praktizismus）者，只知 The proof of the pudding lies in eating。然而你如此仔细讨论，当然是大有好处的。《新华文摘》四月号采收我在香港刊物上发表的一篇文章，中有论及译诗语，引了德美两位诗人的话，都很 flippant，但一般人都不知道，也许稍有一新耳目之小作用。请检阅供一笑。“veiled”，“basks”似乎把原句太 flesh out；“as...as”似乎未达原句的 paradox。但原句确乎无法译，只好 belle infidèle 而已。匆复即颂

暑安

钱锺书上 八月十一日夜

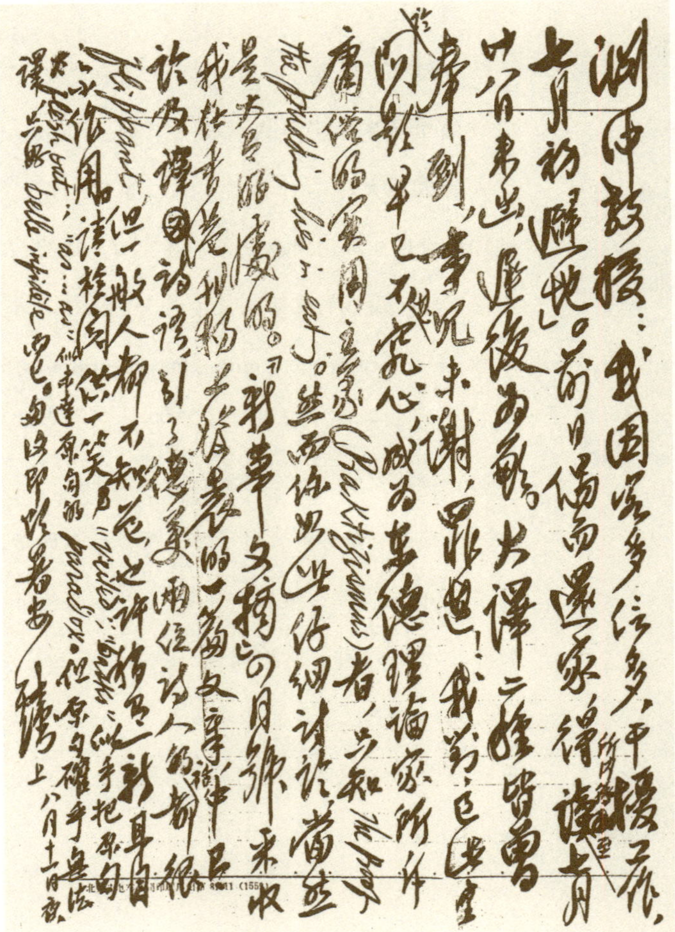

1982 年 8 月 11 日钱锺书先生的回信

钱先生在信中随手拈来英法德三种文字：德文如 Praktizismus（实用主义），英文如 The proof 句（布丁要吃了才知味），flippant（能说会道），flesh out（有血有肉，形象生动），veiled（戴面纱，笼罩在），basks（晒太阳，后改 enjoys），paradox（似非而是，奇谈怪论），法文如 belle infidèle，是说美丽的妻子不忠实，忠实的妻子不美丽，我译的诗就是一个不忠实的美人。外文用得非常巧妙。

1982 年陕西人民出版社计划出版我译的《唐诗一百五十首》，要我请钱先生题签，我就去信请他为《唐诗》和《唐宋词》两书题写书名，得到他加盖了“钱锺书默存印”的题签和下面的回信，高兴的不得了。

渊冲同志：

去冬得函，适以避地了文债，遂羁奉复，歉

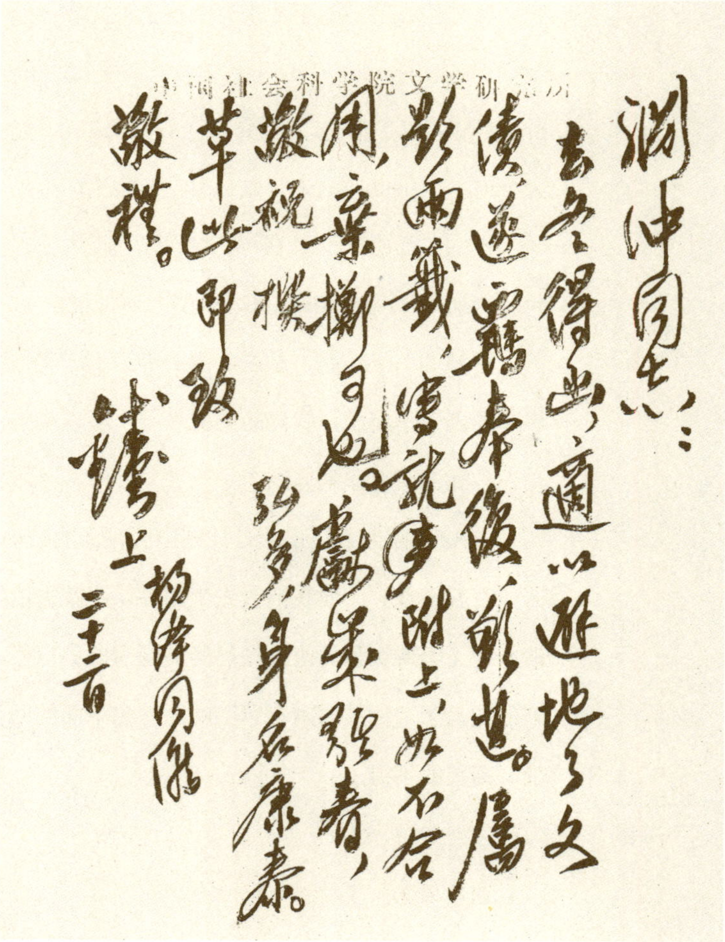

1982 年 8 月 22 日钱锺书先生的回信

甚。属题两签，写就附上，如不合用，弃掷可也。献岁发春，敬祝撰译弘多，声名康泰。

草此即致

敬礼。

钱锺书上 杨绛同候 二十二日

得到钱先生的题签，我立刻把《汉英对照唐诗一百五十首》那一张寄去西安，出版社回信说：还要补写“许渊冲译”四字。我不好意思再麻烦钱先生，就把信封上的名字加上信中剪下的“译”字寄去；信封丢了，不知道信中的“去冬”是指 1981 年还是 1982 年，也不记得月份，只好放在 1982 年信的后面。至于《唐宋词》那一张，我寄去了上海，后来得到出版社信，说是征订数字不够，不能出版，题签也弄丢了，真对不起钱先生，但是书却改由香港出版。

钱先生在 1982 年 8 月 11 日信中提到的《新华文摘》的文章，我在《国外文学》1982 年第一期中找到了。文中引用了美国诗人“Robert Frost 给诗下的定义：诗就是‘在翻译中丧失掉的东西’（what gets lost in translation）”。我读后不同意，认为译诗是有得有失，可以以创补失的，就写了一篇《文学翻译等于创作》。文中举了林纾的译文为例，说“钟声丁丁时，正吾开口作呱呱之声”一句中，“丁丁”和“呱呱”就是以创补失，因为原文并没有这几个字，加字后使人如闻其声，更加生动，而这就是创作。钱先生在信中说：“戴面纱，晒太阳”，用字太形象化；又说：“情郎唱歌有情还是无情，就像天晴又在下雨一样”，没有传达原文似非而是的口气；说得都非常对，可见他把传真看得重于求美，认为翻译不是创作，这和我的意见不同。我把文章写完，就寄到上海《外国语》去了。

1983 年 8 月，我来北京大学西语系任客座教授，为研究生讲《唐宋诗词英译》课。那时钱先生任中国社会科学院副院长，我就问他能否调我去社科院。他回信要我找外国文学研究所卞之琳先生。我把信转给卞先生，没有留复印件，信的全文就不记得了。《外国语》发表我的文章后，我又写信给钱先生，得到他1983年12月3日回信说：

渊冲同志：

来信敬悉。上海《外国语》每期赠阅，故大作已于星期一拜读；抉剔佳处，既精细亦公允。至于译诗一事，则各尊所闻，不必强同；我今年中美双边比较文学会议开幕词所谓："The participants need not be in unison and are reasonably content with something like concordia discors. Unison, after all, may very well be not only a synonym of, but also a euphemism for, monotony." 诗不能译，其论发于但丁，我文中注脚已拈出，而 Frost 与 Morgenstem 两人语 quotable，中国人少知者，故特标举之，并不奉

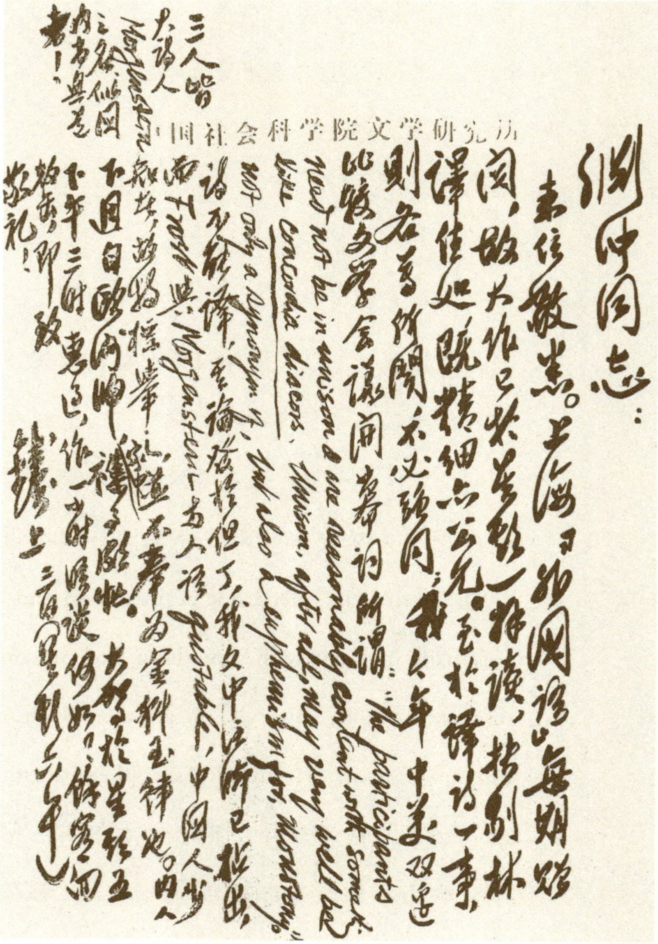
中国社会科学院文学研究所

渊中同志：

来信敬悉。[illegible]阅，故大作已[illegible]一并读，[illegible]译作处既精细亦妥允。至于译诗一事，则各有所闻，不必强同。我6年中美双边比较文学会议开幕词所谓："The participants need not be in unison & are reasonably content with something like concordia discors. 'Unison, after all, may very well be not only a synonym for, but also a euphemism for, monotony.'"

[illegible]

敬礼！

钱锺书上 三日（星期六午）

1983 年 12 月 3 日钱锺书先生的回信

为金科玉律也。（三人皆大诗人，Morgenstern之名似国内尚无道者！）内人下周自欧洲归，家中杂事颇忙。大驾于星期五下午三时惠过，作一小时晤谈何如？余容面罄。即致

敬礼！

钱锺书上 三日 （星期六午）

钱先生外文开幕词中说：“与会者用不着意见一致，同中存异是理所当然的。说到底，一致不但是单调的同义语，而且是单调的婉转说法。”这话又是惊人妙语，也代表了他的学术思想和态度：他一方面说诗不可译，另一方面又不把这话当作金科玉律，因此他主张“各尊所闻，不必强同”。

3月9日下午3时，我同内子照君去三里河拜访钱先生。他一见照君，可能是想起了50年前我上他的课时，喜欢坐在漂亮的女同学周颜玉旁边，就开玩笑似地问我：“你这个漂亮的夫人是哪里找到的？”我告诉他照君原是外国语学院的学生。1948年参了军，她的名字还是毛泽东改的呢。我见钱先生不像70多岁的老人，头发也没有白。他就笑着用法文说：“La tête d'un fou ne blanchit pas."（傻瓜的头是不会白的）我赶快说："那么，天下就没有聪明人了。"接着，他告诉我："他在社科院只是个挂名的副院长，一不上班，二不开会，三不签阅文件，所以头也不白，但是对我调动的事无能为力。"我就谈到北京大学的情况。钱先生说："现在有一个 value（价值）和 price（价格）不平衡的问题。价格高的人见到价值高的人就要退避三舍。"我们也讨论了译诗传真和求美的矛盾，钱先生说："这个问题我说服不了你，你也说服不了我，还是各自保留意见吧。"可见他的学者风度。

说来也巧，那时北京大学新成立了一个国际文化系，正找不到教授，于是我就转去教《中西文化比较》和《中英互译》课。1984 年西安出版了我英译的《唐诗一百五十首》，中国翻译公司又出版了我的《翻译的艺术》论文集，我各寄了一本给钱先生，得到他 1985 年 4 月 16 日的来信如后。

渊冲先生教席：

奉到惠赐尊译唐诗及大著论译两册，感谢感谢。二书如羽翼之相辅，星月之交辉。足征非知者不能行，非行者不能知；空谈理论与盲目实践，皆当废然自失矣。拙字甚劣，佛头着秽，罪过罪过。

专此复谢，即颂

俪祉。

钱锺书敬上　十六日夜

钱先生信中说到的星月，自然是客气话。但是谈到知行关系，却是真知灼见，切中时弊。20 世纪中国的翻译理论界，大多是从西方语言学派摘取片言只字，用于中文，并无多少实践经验，更无杰出成果，却妄自尊大，说要指导别人

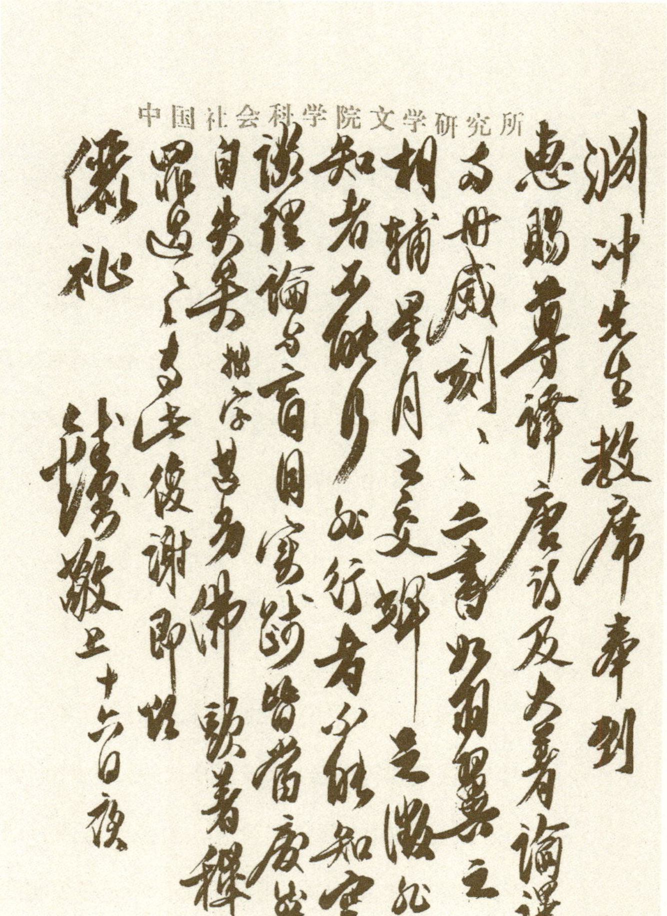
中国社会科学院文学研究所

1985 年 4 月 16 日钱锺书先生的来信

的翻译实践，结果使翻译腔横行了一个世纪，流毒无穷。他们不知道西方语言学派只能解决西方拼音文字之间的矛盾，不能解决西方与东方象形文字之间的问题。有史以来，没有一个西方学者出版过一本中西互译的文学作品，“非行者不能知”。他们如何提得出中西文字互译的理论呢？假如根据他们“对等”的理论来指导中国的文学翻译实践，那不是要把得到国内外好评的译本改坏，颠倒是非了吗？自从“文化大革命”以来，中国的外文水平和翻译水平都下降了，不少译者、评者、编者都到了好坏不分的地步。因此，钱先生说的“非知者不能行，非行者不能知”，就显得特别重要了。

1986 年北京大学举行首届学术研究成果评奖，钱先生题签的《唐诗一百五十首》得到了著作一等奖，我写信告诉他，并且感谢他在一片批评声中对我的支持鼓励。得到他 7 月 17 日的回信如下：

渊冲我兄文几：

奉函悉尊译获奖，实至名归，当仁不让，弟无与也，贱躯自去冬即苦血压偏高，服药数月，升落不恒，殊欠平稳。院方及医师皆嘱节力省事，谢客辞邀。台命不克负荷，歉甚。幸谅宥之。

草复即颂

俪安

钱锺书敬上 十七日

信中提到的“实至名归”，在我看来，“实”指价值，“名”指价格。“实至名归”就是价值与价格统一。这话似乎理所当然，但在生活中却不尽然，常有价格高于价值的现象。如果价格高而价值低的人当了权，那就一定会压制价值高于他而价格低于他的人，于是劣币就驱逐良币了，所以“实至”并不一定“名归”。

1987 年四川出版了我英译的《李白诗选一百首》，我寄

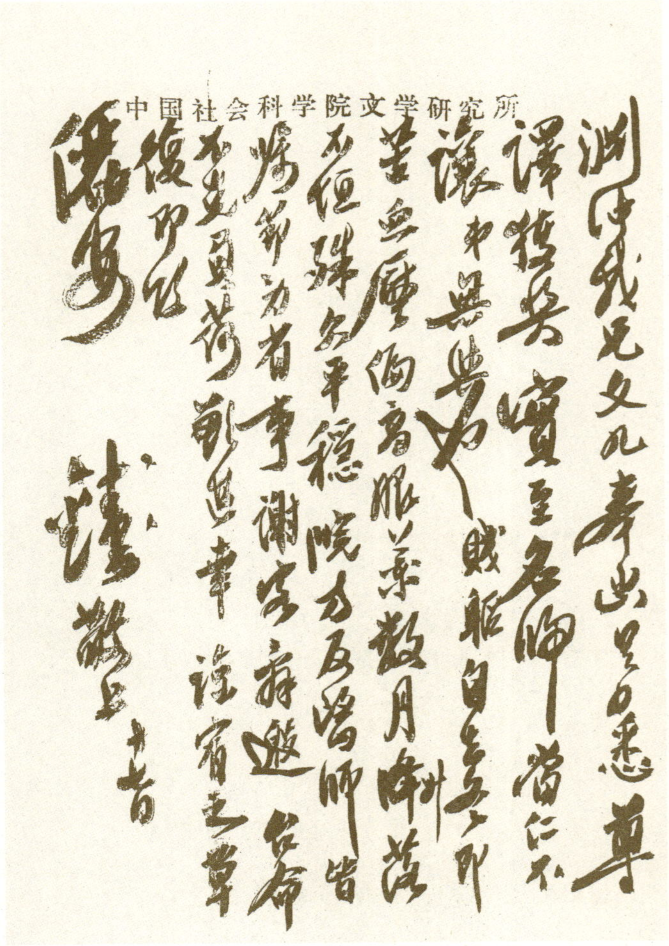

中国社会科学院文学研究所

1986 年 7 月 17 日钱锺书先生的回信

了一本给钱先生，得到他 1988 年 8 月 11 日来信说：

渊冲教授大鉴：

顷奉惠寄尊译青莲诗选，甚感。太白能通夷语，明人小说中敷陈其“草写吓蛮书”，惜其尚未及解红毛鬼子语文，不然，与君苟并世，必莫逆于心耳。专此致谢，即颂

暑安

钱锺书上 杨绛同候 十一日

钱先生信中提到明朝人的小说《今古奇观》中有一篇《李白醉写吓蛮书》的故事，说唐朝有一个蛮夷之邦，用夷文写了一封信给唐天子，说是如果堂堂天朝没有人懂夷文，他们就不再进贡了。满朝文武大惊失色，不知如何是好。幸亏李白生于西域，能通夷语，要天子送上酒来，喝得

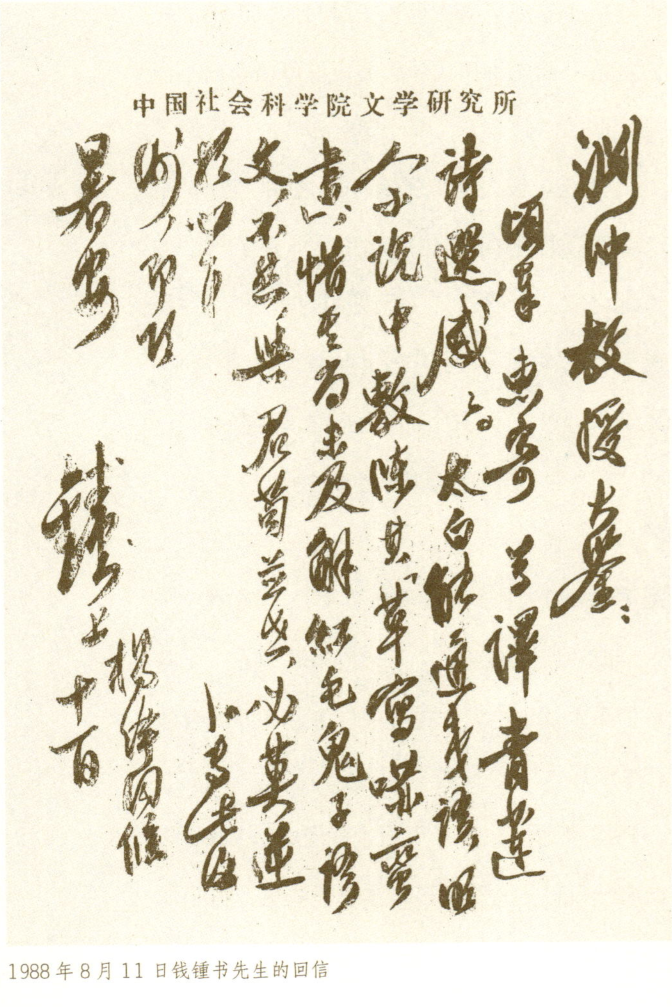
中国社会科学院文学研究所

渊冲教授台鉴：

钱锺书上 十一日 杨绛同候

1988 年 8 月 11 日钱锺书先生的回信

大醉之后，立刻用夷文写了一封回信，蛮夷才肯俯首称臣。钱先生和我开玩笑，说可惜李白不懂英文，假如活到今天，那一定会和我成为无话不谈的好朋友。钱先生似乎有先见之明，20 世纪 90 年代德国交响乐团访问北京，演奏了马勒的《大地之歌》，第二、三乐章是根据法国戈谢翻译的唐诗改写的，但是中国诗词学者研究了一年，毫无结果。第二乐章的作者是张继，我根据第一句的"霜"字猜出是"月落乌啼霜满天"，第二句的"心上秋"合成"愁"是"江枫渔火对愁眠"，断定第二乐章是张继的《枫桥夜泊》；又根据"玉虎"合成"琥"而猜出"玉碗盛来琥珀光"，并断定第三乐章是李白的《客中作》。详细情况就写在《破译大地之歌》中了。

1987 年外文出版社出版了我译成法文的《唐宋词选一百首》，我寄了一本给钱先生，得到他 1988 年 10 月 23 日的回信如下：

渊冲译才我兄大鉴：

奉到惠赐唐宋词法译本，感谢之至。足下译著兼诗词两体制，英法两语种，如十八般武艺之有双枪将，左右开弓手矣！钦佩钦佩！

专复即颂

俪安

钱锺书上 杨绛同候 二十三日

钱先生戏称我为“译才”，他在《林纾的翻译》中说过：“我记得见过康有为‘译才并世称严林（严复，林纾）’那首诗，……严复一向瞧不起林纾，看见那首诗，就说康有为胡闹，天下哪有一个外国字也不认识的‘译才’，自己真羞与为伍。”钱先生又说：“文人好名争名，历来是个笑话。只要不发展成为无情无耻的倾轧和陷害，它终还算得‘人间喜剧’里一个情景轻松的场面。”严复还只羞与林纾为伍，到了我们这一代，就发展

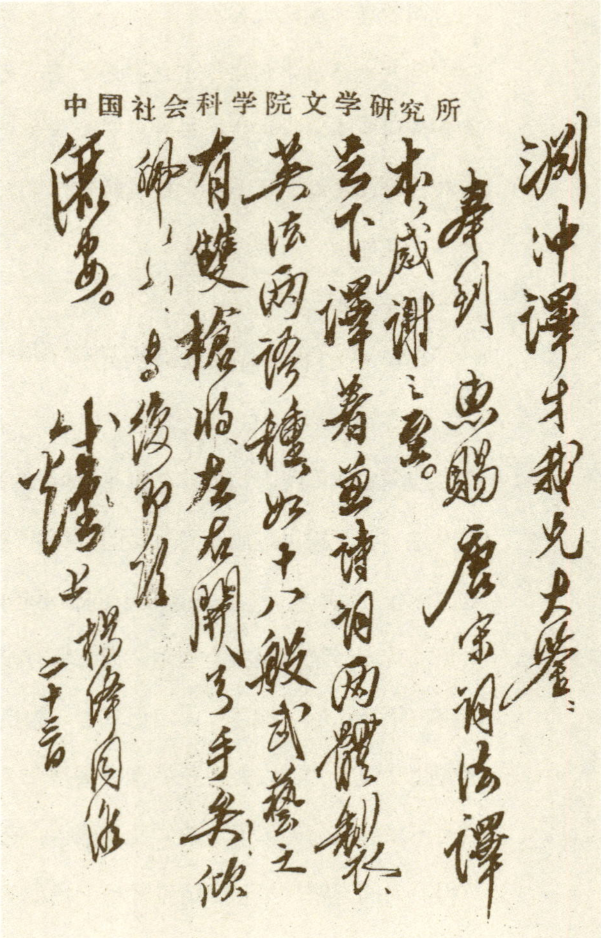

中国社会科学院文学研究所

渊冲译才我兄大鉴：奉到惠赠唐宋词法译本，感谢之至。足下译著兼诗词两体制，而英法两语种，如十八般武艺之有双枪将，左右开弓手矣！佩佩！专复即颂

撰安。

钱锺书上　杨绛同候
二十三日

1988 年 10 月 23 日钱锺书先生的回信

2000年许渊冲在高等教育出版社举行的《汉英对照唐诗三百首》出版座谈会上发言。

到价格高的人压制价值高的人了。钱先生还戏称我为“双枪将”，那是指《水浒》中的董平。《水浒》中的五虎上将是：大刀关胜，豹子头林冲，霹雳火秦明，双鞭呼延灼，双枪将董平。董平是第五位，假如上升到第一位，会不会受到大刀关胜的排挤呢！？

1987年香港商务印书馆出版了我主编的《唐诗三百首》韵译本。约稿时商务要我邀请全国名家共襄盛举，我第一个想到的是钱先生，他1986年7月17日信中说的“台命不克负荷”，可能是指这件事。于是我又请他的学生，联大1939年毕业的“五虎上将”参与。按年龄顺序。他们是：许国璋，杨周翰，王佐良，周珏良，李赋宁。许国璋出版《英语》教材出了名，他翻译诗不肯受押韵的限制；杨周翰是中国比较文学会会长，他选译了5首最短的绝句；王佐良是英语教学研究会会长，他说这是百家争鸣，译得不好拿不出去；周珏良说他只能英译中，不能中译英。李赋宁是北京大学西语系主任，他和许国璋相反，不怕押韵的限制，韵脚用得比原诗还更多。书出版后，1988年由中国翻译公司重印。我送了一本给钱先生，得到他1989年4月7日来信说：

渊冲我兄大鉴：

承惠尊编唐诗译集，感感！读题记不觉哑然。

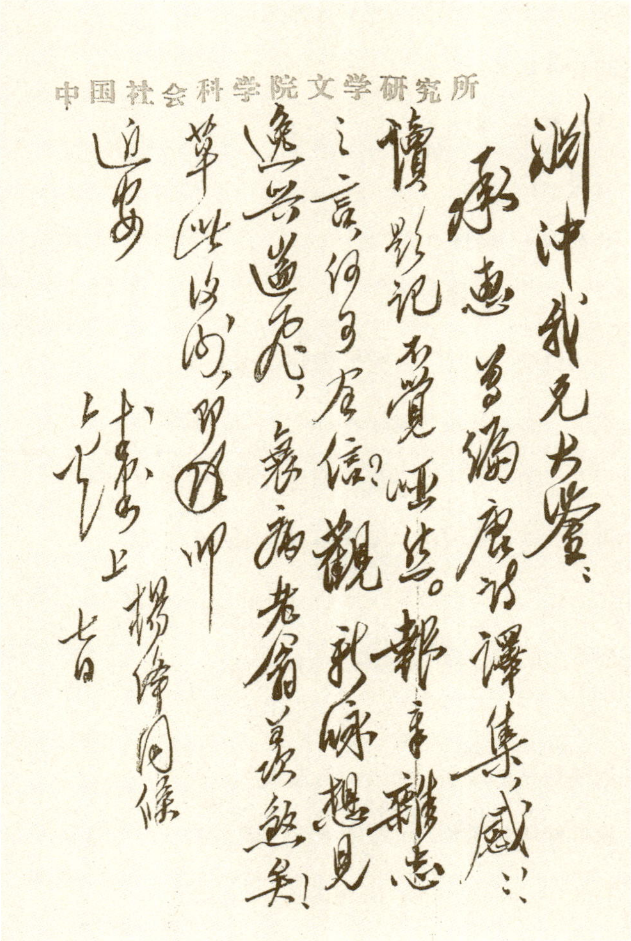

中国社会科学院文学研究所

渊冲我兄大鉴：承惠寄编唐诗译集，感感！读《影记》不觉哑然。都市杂志之言，何可信？观《新咏》想见逸兴遄飞，衰病老翁莫效然矣！草此复谢，即叩近安

钱锺书上 杨绛同候 七日

1989年4月7日钱锺书先生的来信

报章杂志之言何可全信？观新咏想见逸兴湍飞，衰老病翁羡煞矣！

草此复谢，即叩

近安

钱锺书上 杨绛同候 七日

信中说的“题记”，是我看到杂志上登了钱杨二位的合影，并说钱老手不释卷，令人敬佩，我就写在《题记》中了。没想到会引起先生的反感，可见我对他所说的“不三不四之闲人，不痛不痒之废话”，体会不深。至于“新咏”，是我写在扉页上的诗：

湖畔杨柳先得春，枝头黄鹂三两声。

欲假诗词双飞翼，吹绿万里纽约城。

The lakeside willow are the first to drink in spring;

On leafy branches some ancient orioles sing.

With dewdrops dripping from their warbling songs of yore,

I'd fly ten thousands miles to green the western shore.

英文和中文有不同之处: 英文第二行中的“黄鹂”前加了“古老的”，表示鸟唱的是唐声；第三行就是把唐诗中的字字珠玑比做甘露了。希望唐诗的甘霖能飞越万里，去滋润西方的文化荒原。

1990 年北京新世界出版社和英国企鹅图书公司要出版我英译的《中国古诗词六百首》，想请钱先生题签书名。我只好又写信去麻烦他，并告诉他我为《钱锺书研究》写文章的事，不料他拇指不方便，不能写毛笔字，只在 8 月 8 日用钢笔回了我一封信。

渊冲吾兄文几：

奉书知又有新译问世，忻慰之至。第三年前大病以来，诸患缠身。日与药饵为缘，半载前右拇指忽痉挛，不能作字，多方治疗，近始可以钢笔涂鸦，而用毛笔，则如苍蝇摇石柱。大约天罚我东涂西抹，敬请免其献丑，感恩不尽。拙著何足挂齿，乃承借作题目，发为鸿文，惭惶何极！

草复即颂

暑安

钱锺书上 杨绛并候 八日午

1990年底，钱先生八十大寿，我送上北京大学新出版的《唐宋词一百五十首》一本，并且写上“恭贺八十华诞”字样，得到他12月16日用钢笔写的回信如下：

渊冲学兄译席：

奉到惠赐新译，贱辰何足道，乃蒙以大作相馈，老夫真如欺骗财物矣！谢谢。《××× 研究》本期有尊著一篇，多溢美

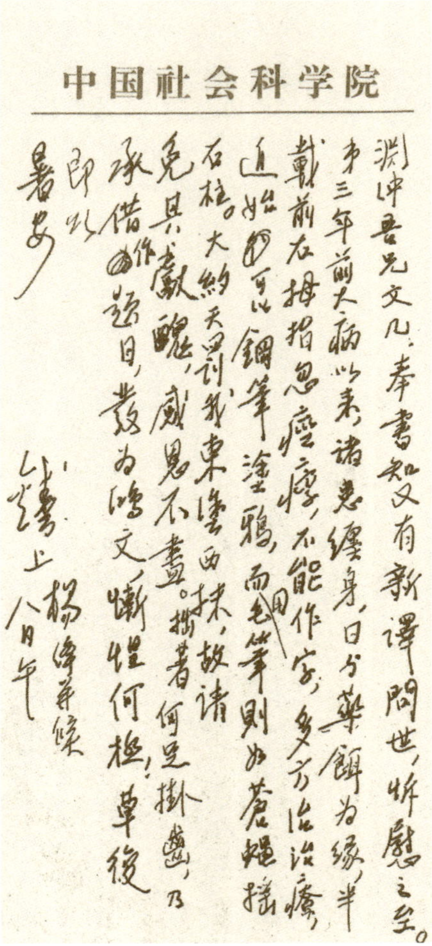

中国社会科学院

渊冲吾兄文几：奉書知又有新譯問世，忻慰之至。弟三年前大病以来，諸恙纏身，日與藥餌為緣，半載前右拇指患痙攣，不能作字，多方治療，近始可以鋼筆塗鴉，而毛筆則如蒼蠅撼石柱。大約天罰我東塗西抹，故請免其獻醜，感恩不盡。拙著何足掛齒，乃承借作題目，敷為鴻文，慚愧何極！草復即頌

暑安

錢鍾書上 楊絳并候

八日午

1990年8月8日钱锺书先生的回信

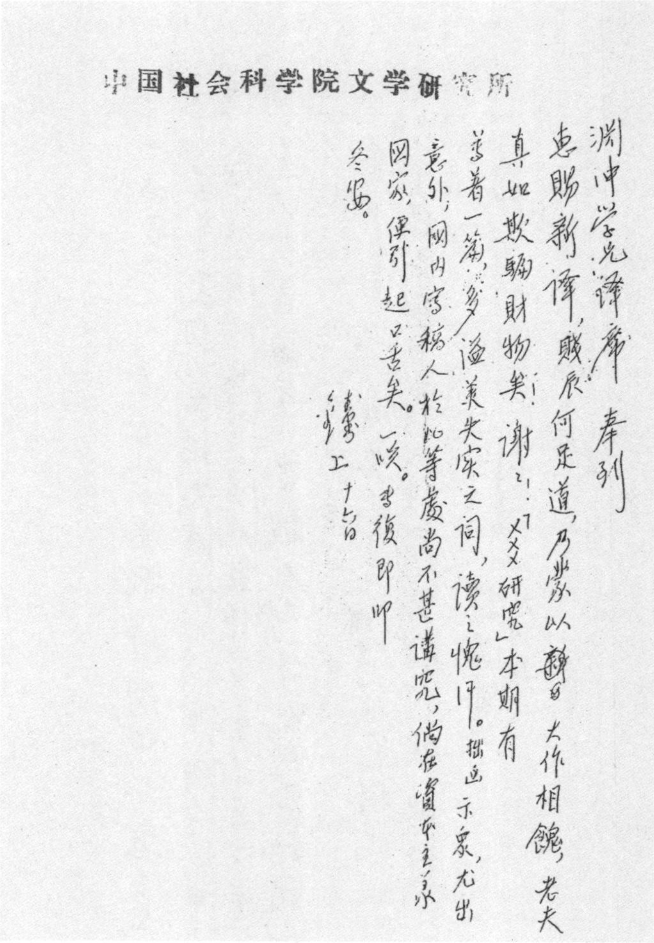

中国社会科学院文学研究所

渊冲学兄译席：奉到
惠赐新译，贱辰何足道，乃蒙以[illegible]大作相餽，老夫
真如欺骗财物矣！谢谢！"XX研究"本期有
尊著一篇，多溢美失实之词，读之愧汗。拙函示众，尤出
意外，国内写稿人于此等处尚不甚讲究，倘在资本主义
国家，便引起口舌矣。一笑。专复即叩
冬安。
锺书上 十六日

1990 年 12 月 16 日钱锺书先生的回信

失实之词，读之愧汗。拙函示众，尤出意外；国内写稿人于此等处尚不甚讲究，倘在资本主义国家，便引起口舌矣。一笑。

专复即叩

冬安

钱锺书上 十六日

钱先生每次收到赠书，都来信道谢，这次八十寿辰献礼，他反说是“真如欺骗财物”，可见他多么不喜欢过生日祝寿这些俗套，也可见我多么不理解他对“不明不白的冤钱”的厌恶心情。信中提到的《×××研究》指的是《钱锺书研究》，我在书中写了一篇《钱锺书先生及译诗》，文中引用了他1976年3月29日谈到“有色玻璃”的那封信，不料他回信说我是把他的信“示众”。自从50年代我回国后，见文章引用别人信中的话（只要不是歪曲）已是常事，所以我奇怪他怎么还在乎资本主义国家的隐私权。其实在内心深处，我认为“无色玻璃”和“有色玻璃”的翻译已经是20世纪中国翻译界争论的一个大问题，并不是他和我之间的私事，不能算是“示众”。但是为了尊重老师的意见，当《钱锺书研究》的编者来信约稿，要发表钱先生的墨宝时，我就写信去征求他的同意，告诉他《古诗词六百首》英译的事，并问他李商隐的“春蚕到死丝方尽”如何译成法文，才能保存双关意义，得到他1991年7月12日的回信如下。

渊冲学弟文几：

来函奉悉。大译陆续问世，可喜可贺。“Song of the Immortals”书名不甚惬鄙意。“Immortals”等字皆Asiatic or Babu English气味甚浓，而“Song”，单数尤不可理解，岂大合唱一歌耶？captious carping。聊供参考。衰老病痛，只求不

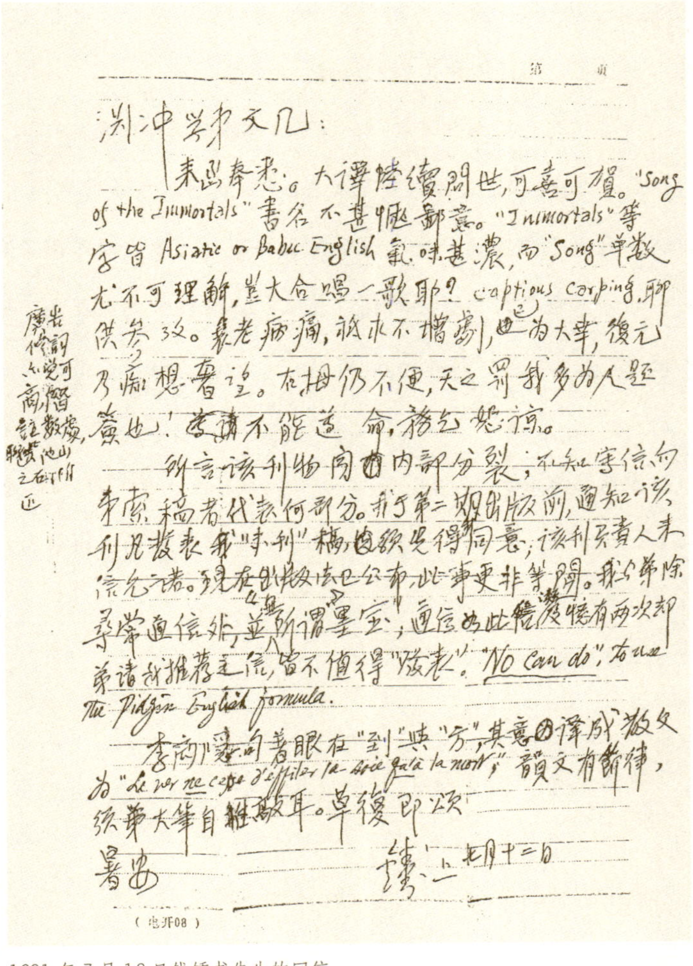

第　　页

渊冲学弟文几：

来函奉悉。大译陆续问世，可喜可贺。"Song of the Immortals"书名不甚惬鄙意。"Immortals"等字皆Asiatic or Babu English气味甚浓，而"Song"单数尤不可理解，岂大合唱一歌耶？captious carping，聊供参考。衰老病痛，祇求不增剧，已为大幸，复元乃痴想奢望。右拇仍不便，天之罚我多为人题签也！请不能遵命，務乞恕谅。

所言该刊物内部分裂，不知寄信向弟索稿者代表何部分。弟于第二期出版前，通知该刊凡发表我"本刊"稿，必须先得同意；该刊负责人未实允之诺。现在出版法已公布，此事更非等闲。我年来除寻常通信外，并无所谓"墨宝"；通信如此糟蹋，怎有两次却第请我推荐之信，皆不值得"发表"。"No can do"，to use the Pidgin English formula.

李商隐着眼在"到""丝""方"，其意可译成散文为"Le ver ne cesse d'effiler la soie qu'à la mort"，韵文有节律，须弟大笔自难敲耳。草复即颂

暑安

锺上　七月十二日

广告修词亦觉可商，溜注数处，聊供他山之石，可以匡正

（电开08）

1991年7月12日钱锺书先生的回信

增剧，已为大幸，复元乃痴想奢望。右拇仍不便，天之罚我多为人题签也。不能遵命，务乞恕谅。

所言该刊物闻内部分裂，不知写信向弟索稿者代表何部分。我于第二期出版前. 通知该刊凡发表我“未刊”稿，须先得我同意；该刊负责人来信允诺。现在出版法已公布，此事更非等闲。我与弟除寻常通信外，并无所谓“墨宝”，通信如此之类……皆不值得“发表”。“No can do”，to use the pidgin English formula.

李商隐句着眼在“到”与“方”，其意译成散文为“Le ver ne cesse d'efmer la soie qu' à la mort”，韵文有节律，须弟大笔自推敲耳。

草复即颂

暑安

钱锺书上 七月十二日

信中提到的“Song of the Immortals”，（不朽之歌）是美国女专家给《古诗词六百首》取的英文名字，我写信去问她，她说《圣经》中的“Song of songs or Song of Solomon”也是单数，并不是大合唱；“不朽”更不能算是亚洲英语或印度英语，英国大诗人雪莱就在悼念济慈的 Adonis 一诗中用了“the sire of an immortal strain”，正是“不朽诗歌之父”的意思。但是英国企鹅图书公司出版我的《古诗词三百首》时，却把“Song”改成复数“songs”，可见这是见仁见智的问题，钱先生也不算“captious carping”（吹毛求疵）。信中提到的“该刊物”就是《钱锺书研究》，我后来把钱先生这封信的复印件寄给该刊编者去了。信中还用了一句洋泾浜英语“不能做”，可见他是雅俗并用。

和钱锺书先生谈文学翻译

【值得回忆的事是生活中的诗。——威廉·赫兹利特】

All that is worth remembering in life is the poetry of it——W. Hazlitt

锺书先生仙逝多年了，回忆七十多年前，我第一次见到他的时候，是在山清水秀、四季常绿的春城昆明。在见到他之前，我早已听到不少关于他的传闻。

据法国诗人雨果说：传闻的真实性并不在历史之下（Le genre humain... a deux aspects：l'aspect historique et l'aspect légendaire. Le second n'est pas moins vrai que le premier. ——V. Hugo）；而美国哲学家山塔亚那则说：诗意盎然的神话传说使人更能忍受散文般平淡无奇的生活（ The poetry of myth helps men to bear the prose of life. ——G. Santayana）。

关于锺书先生的故事，早已传遍清华、联大，说他考清华时，国文、英文都得了最高分，数学却不及格，是破格录取的；入学后他上课时五官并用，一面听讲，一面读课外书，结果考试成绩总是全班第一。因为课堂上讲到的书，他多半已经在课外读过，并且说要读遍清华图书馆的藏书。据说教他英文的叶公超先生对他说：“你不该来清华，而应该去牛津。”在出国留学考试前，很多外文系毕业生听说他报了名，都不敢参加考试了，结果他就是去了牛津。这样一个超群出众的奇才，而告诉我这些故事的同学，又是联大工学院博闻强记的状元张燮。工学院有一门最难考的功课，考试时全班有一半同学不及格，张燮却只用了一半时间就交头卷，而且成绩是100分。这样一个天才学生口中说出的天才老师，怎不叫人觉得是奇中之奇！

1939年钱先生给我们上大一英文课，他给我的第一个印象是：讲课言简意赅，深入浅出，妙语如珠。如他解释怀疑主义时说：一切都是问号，没有句点。（Everything is a question mark；nothing is a full stop.）用具体的标点符号来解释抽象的怀疑主义，而且问号和句点对称。everything和nothing又是相反相成，使学生既得到了内容之真，又感到了形式之美，真是以少胜多，一举两得。物理系同学杨振宁先在钱先生这一班，后来调到叶公超先生那一组，叶先生讲到赛珍珠《荒凉的春天》那一课时，杨振宁

“如果诗和分行散文没有分别，怎对得起那些空白。”萧乾评价许渊冲的诗是对得起空白的

发现有一个动词的过去分词不表示被动，认为这是异常现象，就提出了问题。这多少体现了钱先生讲的怀疑主义精神。而我自己在解释“博”和“精”的时候，用了 to know something about everything and everything about something，更是学了钱先生用 everything 和 nothing 的解释方法。

钱先生在讲《一对啄木鸟》的科学故事时，用拟人化和戏剧化的方法，模仿啄木鸟的声音动作，把一个平淡无奇的科学故事，变成了有声有色的艺术，使散文有了诗意。不单是在讲课，就是在写文章或做翻译时，也是一样。出名的例子是在前文有所提到的翻译《毛泽东选集》时，金岳霖先生译到"吃一堑，长一智"这个成语，不知如何翻译是好，就来问他。他却不假思索，脱口而出译成：A fall into the pit，a gain in your wit. 原文只有对仗，具有形美；译文却不但有对仗，还押了韵，不但有形美，还有音美，使散文有诗意了，真是妙译！这点对我影响不小。后来我译《毛泽东诗词》译到《井冈山》时，下半阕是"早已森严壁垒，更加众志成城。黄洋界上炮声隆，报道敌军宵遁。"我看到中外的译文，都是散文味重，诗意不浓。就模仿钱先生"吃一堑，长一智"的译法，用双声叠韵来表达诗词的音美：

Our ranks as firm as rock,
Our wills form a new wall.
The cannon roared on Yellow Block:
The foe fled at night-fall.

译文把“森严壁垒”译成“我们的队伍像岩石一般坚强”，用岩石（rock）的具体形象来译“壁垒”，传达原词的意美，并且和“队伍”（ranks）押了头韵，好传达原词的音美。“众志成城”译成“我们的意志合成了新的长城”，意志（wills）和长城（wall）押了头韵，“合成”（form）和第1行的“坚强”（firm）也是头韵，“更加”译成“新的”，第2行和第1行对称，传达了原词的形美。这样就用钱先生“吃一堑”的译法，来传达原词的“三美”了。但是第3行的“黄洋界”译成“黄色的界石”，有人认为不忠实，怎么办呢？我就写信向钱先生求教。1976年3月29日，钱先生回了我一封英文信，非常重要，现把我日记中记录的译文摘抄如下：

钱先生这封英文信用词巧妙，比喻生动，引经据典，博古通今，显示了他的风格。他称我为“许君”，内容大意是说：谢谢你给我看你成就很高的译文，我刚读完。你戴着音韵和节奏的镣铐跳舞，灵活自如，令人惊奇。你对译诗的看法很中肯。但你当然知道罗伯特·弗洛斯特不容分说地给诗下的定义：“诗是在翻译中失掉的东西”，我倒倾向于同意他的看法。无色玻璃般的翻译会得罪诗，而有色玻璃般的翻译又会得罪译。我进退两难，承认失败，只好把这看做是两害相权择其轻的问题。根据我随意阅读五六种文字的经验，翻译出来的诗很可能不是歪诗就是坏诗。但这并不是否认译诗本身很好。正如本特莱老兄说的：“蒲伯先生译的荷马很美，但不能说这是荷马的诗。”

读了钱先生的信，我觉得他告诉我的是：你在翻译中失掉了一些东西，你为了不得罪诗而得罪了翻译，你译的诗不错，但不能说是毛泽东的词。

我看钱先生和我的矛盾，是求真和求美的问题。翻译要求忠实，重在求真；译诗要求传情达意，重在求美。无色玻璃般的翻译求的是“真”，有色玻璃般的翻译求的是“美”，如何解决这个矛盾呢？钱先生认为这是一个两难的问题。他采取消极的办法，就是不求有功，但求无过。我记得朱光潜先生在《诗论》中说过：“‘从心所欲，不逾矩’是一切艺术的成熟境界。”我觉得也是译诗的成熟境界。“不逾矩”是消极的，说是不能违反客观规律，求的是“真”；“从心所欲”是积极的，说要发挥主观能动性，求的是“美”。结合起来就是说：在不违反“求真”的条件下，尽量“求美”。贝多芬甚至说过：为了更美，没有什么清规戒律不可打破。如果说我译的《井冈山》是有色玻璃般的翻译，失掉了一些东西，不能算是毛泽东的词，那么，其他中外翻译家译的《井冈山》有没有无色玻璃般的翻译？是不是也失掉了一些东西？能不能算毛泽东的诗词呢？下面就举

在上海华东师范大学讲《诗经》英译

“早已森严壁垒”的两种译文为例：

1. Already our defence is iron-clad (Boyd & Yang)

2. No one cracks through our forest of wall (Engle)

第一种译文还原大致是说：我们的防御已经是铜墙铁壁。比起原文的“森严壁垒”来，“防御工事”太散文化，“铜墙铁壁”又太形象化。第二种译文说：没有一个人能冲破我们森林般的壁垒。森严的形象译出来了，但是“无人冲破”又嫌加字太多。

没有一种译文能像无色玻璃，所以我认为译者只能在不违反求真的原则下，尽量求美。这个问题钱先生约我面谈过一次，结果是仁者见仁，智者见智。但从他译“吃一堑，长一智”的实践看来，他的译文是既真又美的。

1980年香港商务印书馆约我英译《苏东坡诗词选》，我阅读了钱先生的《宋诗选注》，读到钱先生评说苏轼《百步洪》第一首里写水波冲泻的一段：“‘有如兔走鹰隼落，骏马下注千丈坡。断弦离柱箭离手，飞电过隙珠翻荷’，四句里七种形象，错综利落……”我译成英文时，却把这7种形象译成是“写‘轻舟’的”，是不是有误？就写信去问钱先生，6月14日得到他的回信说：“苏诗英译，壮举盛事。……《百步洪》四句乃写‘轻舟’，而主要在衬出水波之急泻，因‘轻舟’亦可如《赤壁赋》谓‘纵一苇之所如，凌万顷之茫然’，‘放一叶之扁舟’……”

钱先生同意 7 种形象是“写轻舟”，这是求真；但他认为“主要在衬出水波之急泻”，我觉得这又是求美，并且是“主要的”。因此，我看钱先生不但是在实践上，就是在理论上也不反对译诗要求既真且美，“从心所欲，不逾矩”。于是译苏诗时，我就还是把求真（不逾矩）作为消极要求，而把求美（从心所欲）作为积极标准。

例如苏东坡最著名的西湖诗：“水光潋滟晴方好，山色空蒙雨亦奇。欲把西湖比西子，淡妆浓抹总相宜。”如要求真，“潋滟”和“空”很难翻译，所以只好求美，翻译如下：

The brimming waves delight the eyes on sunny days;
The dimming hills present rare view in rainy haze.
West Lake may be compared to Beauty of the West,
Whether she is richly adorned or plainly dressed.

钱先生的《苏诗选注》中没有词的解释。《苏东坡诗词选》的注解是：“潋滟，水满的样子。”“空蒙，形容雨中山色。”

连中文解释都不容易恰到好处，更不用说翻译成英文了。但若求美，却可以发挥主观能动性，说天气晴朗，波光水色，赏心悦目。在蒙蒙细雨中，阴沉沉的山色也会透露出奇光异彩。最后两行如要求真可以译成：

If you want to compare West Lake to Western Beauty,

Both plain dress and rich adornment become her.

这样的译文，钱先生会说是“壮举盛事”吗？其实，严格说来，这种译文不但不美，也不能说是真或忠实。因为原诗具有意美、音美、形美，如果译文只是达意，没有传达原诗的音韵之美、格调之美，怎么能算是忠于原作呢？因为原诗是既真又美的，译文不美，就不能说是真或忠实，因为它不忠于原作的音韵和格调。

又如，前文提到的李清照《小重山》的翻译：“春到长门春草青，红梅些子破，未开匀。碧云笼碾玉成尘，留晓梦，惊破一瓯春。”注解中说：“碧云”指茶叶。我想，是不是指清照早晨饮茶，“至茶倾覆怀中，反不得饮而起”呢？我写信给钱先生，他的指教让我恍然大悟。他的回信摘抄如下：

我昨夜自东京归，于案头积函中见尊书，急抢先作复，以免误译书期限。李清照词乃倒装句，“惊破”指“晓梦”言，非茶倾也。谓晨尚倦卧有余梦，而婢已以“碾成”之新茶烹进“一瓯”，遂惊破残睡矣。

于是我的翻译如后：

When grass grows green, spring comes to lonely room;
{Mume} blossoms bursting into partial bloom,
From deep red to light shade.
Green cloudlike tea leaves ground into powder of jade,
With boiling water poured in vernal cup,
From morning dream have woke me up.

译文还原大致是说：春草青青，春天来到了寂静的闺房；红梅已经初开，颜色有深有浅，不太均匀。碧云般的茶叶碾成了一笼玉屑，用开水一泡，倒入泡春茶用的茶杯之中，把我从早晨的春梦中惊醒过来了。原文中的“长门”是指“冷宫”，汉武帝把皇后阿娇贬入长门宫，从字面上讲是冷宫，实际上是说丈夫离家在外，清照一人独守闺房，冷静寂寞，只有梦中能见丈夫，偏偏好梦又给早茶惊醒了。所以译文不能译字求真，而要译意，才能既求真又求美。

宋词之后，香港商务印书馆再约我译《唐诗三百首》，北京大学出版社约译《唐宋词一百五十首》，碰到了双关语的难题。如刘禹锡的“道是无晴(情)却有晴”，李商隐的“春蚕到死丝(思)方尽”。如何两全其美，而不顾此失彼？我先译刘禹锡的《竹枝词》：“杨柳青青江水平，闻郎江上唱歌声。东边日出西边雨，道是无晴却有晴。”

Between the willows green the river flows along;
My gallant in a boat is heard to sing a song.

The west is veiled in rain and the east basks in sunshine;

My gallant is as deep in love as the day is fine.

最后两句还原是说：西边笼罩在阴雨中，而东边沐浴在阳光下。情郎对我的情意就像天的晴意一样（你说天晴吧，西边在下雨；你说天雨吧，东边又天晴。情郎对我也是半心半意，就像天气是半晴半雨一样）。我把译文寄给钱先生，征求他的意见。他回信说：

……“veiled”“basks”似乎把原句太 fleshed out，“as...as”似未达原句的 paradox，但原句确乎无法译，只好 belle infidèle 而已。

回信用的英文和法文都很巧妙。他说我译文中的“笼罩”和“沐浴”两个词有骨有肉，形象太具体了，说“情意”和“晴意”一样，也没有传达原文似是而非、似非而是的说法。双关语的确不能翻译，所以只好做个不忠实的美人了。钱先生这里引用了西方的俏皮话：说忠实的妻子往往不美丽，美丽的妻子往往不忠实。这和老子说的“信言不美，美言不信”有相通之处，不过西方的说法更有血有肉，更具体而已。

怎么能使“美人”更“忠实”呢？我试把三、四句修改如下：

In the west we have rain and in the east sunshine;

Is he in love with me？ Ask if the day is fine.

最后一句问道：情郎对我是否有情？那就要问天是不是晴了。天晴就人有情，天不晴就人无情；天半晴半雨，人也就是半心半意。这个译文有没有解决信和美的矛盾呢？我看不一定比原译更好。

钱先生给我们讲过英国评论家阿诺德的《经典怎么成为经典》，说经典并不一定受到多数人欢迎，而只得到少数知音热爱。我就来看经典中的说法。《论语》有一句名言：“知之者不如好之者，好之者不如乐之者。”这就是说：知道不如爱好，爱好不如乐趣。应用到翻译上来，就成了翻译评论的三部曲：

第一步，问译文能不能使人知道原文说了什么，这是低标准；第二步，问读者喜欢译文吗？这是中标准；第三步，问译文能使人感到乐趣吗？这是高标准。两种译文都能使人知之，哪一种能使人好之或乐之呢？爱好和乐趣是个主观的问题，不是客观的科学真理，各人的答案可能不同。王国维说过：诗中一切景语都是情语。原译用“笼罩”来写雨景，用“沐浴”来写晴景，传达了诗人爱恶的感情，景语也是情语。读后使我能够自得其乐，所以我看还是原译比新译好。

北京大学出版社约译法文本《中国古诗词三百首》，其中有李商隐《无题》中“春蚕到死丝（思）方尽”这句双关语，我的英译文是：

The silkworm till its death spins silk from love-sick heart.

译文把“丝”译成 silk，又把谐音的“相思”译成 love-sick，而 silk 和 sick 既是双声，又是叠韵，颇为巧妙。但是法文能不能译得一样巧呢？于是我又写信去问钱先生，得到他的回信如下：

李商隐句着眼在“到”与“方”，其意译成散文为：Le ver ne cesse d’ é ffiler la soie qu’ l à mort. 韵文有节律，需弟大笔自推敲耳。

经推敲后，我把“相思”译成 soif d’ amour（渴望爱情），全句译为：

Le ver meurt de soif d'amour，sa soie é puis é e.

这样，soif 和 soie（丝）也是双声叠韵，全句是说：蚕丝吐尽，就相思而死了。虽把散文“诗化”，但为什么会相思而死？并没有说明白。不过，译诗不是说理，而是传情，景语成了情语，也就差强人意了。

四川出版了我《李白诗选》的英译本，我寄了一本给钱先生，得到他的回信，他对我开玩笑说：“顷奉惠寄尊译青莲诗

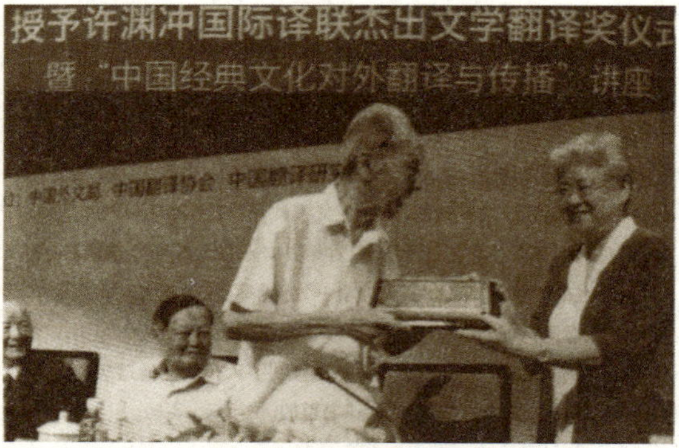

2014 年 8 月 22 日中国翻译协会代国际翻译家联盟授予许渊冲 2014"北极光"杰出文学翻译奖

选，甚感。太白能通夷语，明人小说中敷陈其'醉写吓蛮书'，惜其尚未及解红毛鬼子语文，不然，与君苟并世，必莫逆于心耳。"说的正是前文所说的明人小说《今古奇观》中的一个故事。说来也巧，20 世纪 90 年代德国交响乐团来京演出《大地之歌》，第三乐章是根据李白的诗改写的，但是听众不知道是哪一首。诗中出现了"玉虎"字样，记得钱先生讲过，西方诗人喜欢中国象形文字，如日月为"明"，女子（男女）为"好"，我就想到"玉虎"是不是"琥"呢？李白诗中提到"琥珀"的，有《客中作》，于是我就推断是《客中作》了，也许解决了一个难题。

总而言之，钱先生对我们这代人的影响很大，指引了我们前进的道路。他在联大只有一年，外文系四年级的王佐良学他，去英国牛津读了文学士学位；杨周翰跟踪，学了比较文学，成了国际比较文学会副会长；李赋宁听了他的文学理论，主编了《英国文学史》；许国璋学他写文章，讲究用词，出版了畅销全国的英语读本；三年级的周珏良做过外交部翻译室主任；查良铮（穆旦）翻译了拜伦和雪莱的诗集；二年级的吴纳孙（鹿桥）在美国华盛顿大学任教，出版了回忆联大的《未央歌》；一年级的我出版了唐诗宋词的英法译本；还有工学院的状元张燮，理学院的状元杨振宁……钱先生考试时要我们写作文，论“世界的历史是模式的竞赛”。我看联大的历史也可说是人才的竞起，不少人才受过钱先生的教诲，是他在茫茫大地上留下的绿色踪迹。

（原载《钱锺书先生百年诞辰纪念文集》）

图书在版编目（CIP）数据

书信里的逝水年华：钱锺书与我 / 许渊冲著. -- 南昌：江西美术出版社, 2020.8

ISBN 978-7-5480-7397-0

Ⅰ. ①书… Ⅱ. ①许… Ⅲ. ①许渊冲－回忆录 Ⅳ. ①K825.5

中国版本图书馆CIP数据核字(2020)第011224号

出 品 人：周建森
责任编辑：方 姝
助理编辑：饶沁雨
责任印制：汪剑菁
书籍设计：梅家强 林思同 先鋒設計

书信里的逝水年华——钱锺书与我
SHUXIN LI DE SHISHUI NIANHUA——QIANZHONGSHU YU WO

著　　者：许渊冲
出　　版：江西美术出版社
地　　址：南昌市子安路 66 号江美大厦
网　　址：jxfinearts.com
电子邮箱：jxms163@163.com
电　　话：0791-86566309
邮　　编：330025
经　　销：全国新华书店
印　　刷：浙江海虹彩色印务有限公司
版　　次：2020 年 8 月第 1 版
印　　次：2020 年 8 月第 1 次印刷
开　　本：787 mm × 1092 mm　1/32
印　　张：4.25
书　　号：ISBN 978-7-5480-7397-0
定　　价：48.00 元